AF534441

PETRA NOVAK

KROATISCHES Kochbuch

Die leckersten Rezepte der kroatischen Küche
für jeden Geschmack und Anlass

Alle Ratschläge in diesem Buch wurden vom Autor und vom Verlag sorgfältig erwogen und geprüft. Eine Garantie kann dennoch nicht übernommen werden. Eine Haftung des Autors beziehungsweise des Verlags für jegliche Personen-, Sach- und Vermögensschäden ist daher ausgeschlossen.

Copyright © 2023
Email: info@edition-lunerion.de
www.edition-lunerion.de

Alle Rechte, insbesondere das Recht der Vervielfältigung und Verbreitung der Übersetzung, vorbehalten. Kein Teil des Werkes darf in irgendeiner Form (durch Fotokopie, Mikrofilm oder ein anderes Verfahren) ohne schriftliche Genehmigung des Verlages reproduziert oder unter Verwendung elektronischer Systeme gespeichert, verarbeitet, vervielfältigt oder verbreitet werden.

Psiana eCom UG
Berumer Str. 44
26844 Jemgum

Vorwort

Wer Kroatien aus dem Urlaub kennt, der erinnert sich neben märchenhaften Schnorcheltrips und atemberaubender Natur ganz sicher vor allem an eines: Die deftige, aromatische Landesküche, die frische Zutaten und puren Schlemmergenuss in sich vereint. Dieses kulinarische Erlebnis können Sie sich auch in die heimische Küche holen – und wie das unkompliziert und lecker klappt, zeigt Ihnen dieses Kochbuch! Ćevapčići, Pljeskavica oder Djuveč – Kroatien ist ein wahres Eldorado für Fleischfans, allerdings hat die Landesküche noch viel mehr zu bieten! Denn die legendäre gesunde mediterrane Ernährung dominiert auch die kroatische Küche und sorgt mit jeder Menge frischem Fisch, knackigem Gemüse und wertvollem Olivenöl für Geschmack und Gesundheit zugleich. Köstliche Spezialitäten mit Urlaubs-Flair dürfen also gerne öfter auf dem Teller landen und mit der Riesenauswahl an Rezepten in diesem Buch wird das zum Kinderspiel. Probieren Sie sich kreuz und quer durch Suppen, Salate, Hauptgerichte mit Fisch und Fleisch, Veggie-Gerichte, typische Dips und Saucen, Desserts und vieles mehr aus allen Regionen des Landes und entdecken Sie original kroatischen Genuss für wirklich jeden Geschmack.

Guten Appetit!

INHALT

Frühstück

BIJELI KRUH

WEIßBROT

2 Port.

2 Std.

Leicht

Zutaten

10 g Hefe
20 g Salz
800 ml lauwarmes Wasser
1 kg Weizenmehl Type 405

Nährwerte p. P.

208 kcal
49 g Kohlenhydrate
17 g Fett
20 g Eiweiß

1 Geben Sie zunächst das Mehl in eine Schüssel. Bröseln Sie die Hefe hinein und geben Sie Wasser und Salz dazu. Verkneten Sie alles zu einer klebrigen Masse. Lassen Sie den Teig für etwa 2 Stunden gehen. Verkneten Sie den Teig zwischendurch mit einem Kochlöffel.

2 Anschließend geben Sie den Teig in zwei Kastenformen, welche Sie mit Backpapier auslegen. Lassen Sie den Teig in den Formen für weitere 30 Minuten gehen und heizen Sie den Backofen auf 200 °C Ober-/Unterhitze vor.

3 Backen Sie das köstliche Weißbrot für 50 Minuten, bis es eine goldbraune Färbung annimmt.

LEPINJA

KNUSPRIGE FLADEN

4 Port.

1 Std.

Leicht

Zutaten

2 TL Sesam
½ TL Zucker
1 Pck. Trockenhefe
350 ml Wasser
60 ml Öl
10 g Salz
500 g Mehl

Nährwerte p. P.

235 kcal
48 g Kohlenhydrate
2 g Fett
7 g Eiweiß

1 Lösen Sie den Zucker sowie die Hefe in lauwarmem Wasser auf. Geben Sie dann das Mehl, die Hefemischung sowie das Salz zusammen in eine Schüssel und kneten Sie die Menge für 6 Minuten zu einem Teig. Geben Sie das Öl dazu und kneten Sie für weitere 3 Minuten. Lassen Sie den Teig dann für 30 Minuten gehen.

2 Anschließend teilen Sie den Teig in 4 etwa gleich große Stücke. Drücken Sie die Teile mit der Hand zu etwa tellergroßen Fladen. Verteilen Sie jetzt den Sesam darauf. Backen Sie die Fladen für 10 Minuten bei 240 °C Umluft im vorgeheizten Backofen. Wenden Sie die Fladen nach 5 Minuten.

3 Zuletzt wickeln Sie die Fladen für 10 Minuten in ein feuchtes Tuch ein.

KIFLICE

SALZIGE HÖRNCHEN

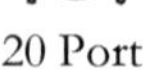

20 Port. | 2 Std. 45 Min. | Leicht

Zutaten

Etwas warmes Wasser sowie Salz und Butter zum Bestreichen
2 TL Zucker
1 TL Salz
1 EL Essig
400 ml warmes Wasser
100 g flüssige Butter
100 ml warme Milch
1 Pck. Trockenhefe
1 kg glattes Weizenmehl
Salz, Butter und Wasser

Nährwerte p. P.

470 kcal
47 g Kohlenhydrate
28 g Fett
8 g Eiweiß

1 Geben Sie etwa 50 ml warmes Wasser mit Zucker und Hefe in ein Glas und lassen Sie die Hefe sich auflösen. Geben Sie die übrigen Zutaten in eine Schüssel und gießen Sie die Hefemischung dazu.

2 Verkneten Sie die Menge 10 Minuten lang zu einem glatten Teig. Decken Sie den Teig ab und lassen Sie ihn für etwa 2 Stunden bei Zimmertemperatur ruhen.

3 Anschließend geben Sie den Teig auf eine Arbeitsfläche und bemehlen ihn leicht. Teilen Sie den Teig dann in etwa 20 Stücke auf und formen Sie die Stücke zu Kugeln. Decken Sie die Kugeln ab und lassen Sie sie für weitere 15 Minuten gehen.

4 Im Anschluss drücken Sie jede Kugel zu einem Dreieck platt. Rollen Sie die Dreiecke von der langen Seite her zu Hörnchen auf. Geben Sie die Hörnchen auf ein Backblech mit Backpapier, bedecken Sie sie erneut mit einem Tuch und lassen Sie sie für 30 Minuten gehen.

5 Heizen Sie den Ofen auf 250 °C Ober- /Unterhitze vor. Bestreichen Sie die Hörnchen dann mit einer Mischung aus Salz, Butter und Wasser. Backen Sie die Hörnchen für 13 Minuten.

KUKURUZNI KRUH

MAISBROT

1 Port.

2 Tage

Leicht

Zutaten

Für den Hauptteig:
10 g neutrales Öl
12 g Salz
Sauerteig

Autolyseteig
Für den Autolyseteig:
150 g Maismehl
300 g Weizenmehl Type 550
Quellstück

Für das Quellstück:
700 g Wasser
200 g Maismehl

Sauerteig:
40 g Anstellgut Weizen TA 150
40 g Weizenmehl Type 550
20 g Wasser

Nährwerte p. P.

189 kcal
46 g Kohlenhydrate
19 g Fett
31 g Eiweiß

1 Vermischen Sie zunächst die Zutaten für den Sauerteig und lassen Sie diesen für 12 Stunden bei Zimmertemperatur ruhen.

2 Rösten Sie das Maismehl für das Quellstück in einer Pfanne an und vermischen Sie es mit kochendem Wasser. Lassen Sie das Quellstück für 12 Stunden bei Zimmertemperatur ruhen.

3 Geben Sie auch die Zutaten für den Autolyseteig zusammen und verrühren Sie sie für 3 Minuten. Lassen Sie ihn für 1 Stunde bei Zimmertemperatur reifen.

4 Geben Sie die Zutaten für den Hauptteig zusammen und verkneten Sie die Menge zu einem glatten Teig. Lassen Sie den Teig bei etwa 28 °C für etwa 4 Stunden garen. Dehnen und falten Sie ihn alle 30 Minuten.

5 Verkneten Sie dann die Teige miteinander und lassen Sie sie für 60 Minuten in einem Gärkorb ruhen. Anschließend geben Sie den Teig für 24 Stunden in den Kühlschrank.

6 Zuletzt backen Sie den Teig für 40 Minuten bei zunächst 275 °C Umluft. Reduzieren Sie die Hitze nach und nach auf 220 °C.

KRUH OD ČEŠNJAKA

KNOBLAUCHBROT

1 Port.

1 Std.

Leicht

Zutaten

Für den Teig:
50 ml Öl
2 TL Salz
½ TL Zucker
1 Würfel Hefe
300 ml lauwarmes Wasser
600 g Mehl

Für die Knoblauchcreme:
1 TL Salz
½ Bund Petersilie
1 Zwiebel
2 Knoblauchzehen
120 g weiche Butter, in Stücken

Nährwerte p. P.

337 kcal
40 g Kohlenhydrate
15 g Fett
8 g Eiweiß

1 Geben Sie die Zutaten für den Teig in eine Schüssel und verkneten Sie sie 2 Minuten lang mit einem Knethaken. Rollen Sie den Teig auf einer bemehlten Arbeitsfläche rechteckig aus, etwa so groß wie das Backblech.

2 Fetten Sie eine Springform ein, schälen Sie Knoblauch und Zwiebel und schneiden Sie sie grob klein. Waschen Sie die Petersilie und zupfen Sie die Blätter ab. Geben Sie Knoblauch, Petersilie und Zwiebel in einen Mixer und pürieren Sie die Menge, geben Sie dann das Salz und die Butter dazu und mixen Sie die Menge erneut.

3 Bestreichen Sie den Teig mit der Knoblauchcreme. Schneiden Sie den Teig dann in Streifen und legen Sie diese wie eine Ziehharmonika in Falten. Legen Sie sie eng aneinander in die Springform. Lassen Sie den Teig für 15 Minuten ruhen und heizen Sie den Ofen auf 200 °C Umluft vor.

4 Backen Sie das Brot dann für 25 Minuten.

KRUH S ČEŠNJAKOM I UMAKOM OD ULJA

BROT MIT ÖL-KNOBLAUCH-AUFSTRICH

4 Port.

1 Std.
10 Min.

Leicht

Zutaten

Pfeffer aus der Mühle und Salz
Leicht getoastetes Weißbrot
2 fein geschnittene Knoblauchzehen
2 fein geschnittene Zwiebeln
100 ml Olivenöl

Nährwerte p. P.

135 kcal
24 g Kohlenhydrate
1 g Fett
4 g Eiweiß

1 Vermischen Sie zunächst den Knoblauch, die Zwiebeln und das Öl gründlich und lassen Sie die Mischung mindestens 1 Stunde lang ziehen. Stellen Sie den Dip dann auf den Tisch.

2 Toasten Sie die Brotscheiben leicht an und geben Sie sie auf einem Teller ebenfalls auf den Tisch.

3 Bestreichen Sie Ihr Brot nun mit der Knoblauchmischung und würzen Sie individuell mit Pfeffer und Salz.

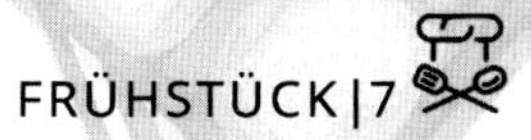

SIR I VRHNJE

KÄSE UND SAHNE

4 Port.

15 Min.

Leicht

Zutaten

200 g kroatischer Käse (z. B. Gouda oder Edamer)
100 ml saure Sahne
Salz und Pfeffer
frisches Brot zum Servieren

Nährwerte p. P.

296 kcal
3 g Kohlenhydrate
25 g Fett
16 g Eiweiß

1 Raspeln Sie den Käse grob und geben Sie ihn in eine Schüssel. Fügen Sie die saure Sahne hinzu und vermengen Sie alles gründlich, bis der Käse und die Sahne gut miteinander vermischt sind. Schmecken Sie dann mit Pfeffer und Salz ab.

2 Schneiden Sie das Brot in Scheiben und servieren Sie es mit der Käse-Sahne-Mischung.

3 Je nach Geschmack können Sie auch gehackte Kräuter, wie Petersilie oder Schnittlauch, hinzufügen. Dieses Rezept ist einfach, aber köstlich und eine schnelle Möglichkeit, ein typisch kroatisches Frühstück zu genießen. Guten Appétit !

OMLET S GLJIVAMA

PILZ-OMELETT

1 Port.

20 Min.

Leicht

Zutaten

3 Eier
100 g Pilze (z. B. Champignons oder Austernpilze)
½ Zwiebel
1 EL Olivenöl
Salz und Pfeffer nach Geschmack
frische Kräuter (z. B. Petersilie oder Schnittlauch) zum Garnieren

Nährwerte p. P.

230 kcal
4 g Kohlenhydrate
18 g Fett
13 g Eiweiß

1 Putzen Sie die Pilze und schneiden Sie sie in Scheiben. Die Zwiebel schälen und fein hacken. Erhitzen Sie das Olivenöl in einer Pfanne und braten Sie die Zwiebel darin an, bis sie glasig wird. Die Pilze hinzufügen und weiter braten, bis sie weich und goldbraun sind.

2 Verquirlen Sie die Eier in einer Schüssel und würzen Sie mit Salz und Pfeffer. Die Pilze in der Pfanne gleichmäßig verteilen und die Eimischung hinzufügen.

3 Braten Sie das Omelett bei mittlerer Hitze in der Pfanne, bis es goldbraun und fest ist.

4 Lassen Sie das Omelett auf einen Teller gleiten, mit frischen Kräutern garnieren und servieren.

5 Sie können das Omelett auch mit anderen Zutaten wie Schinken, Käse oder Tomaten ergänzen, je nach Geschmack. Guten Appetit!

ŠTRUDLA S JABUKAMA

APFELSTRUDEL

3 Port.

1 Std.
15 Min.

Leicht

Zutaten

300 g Mehl
1 Prise Salz
1 Ei
2 Esslöffel Öl
150 ml Wasser
1 kg Äpfel, geschält und in dünne Scheiben geschnitten
150 g Zucker
1 Teelöffel Zimt
50 g Semmelbrösel
100 g Butter, geschmolzen
Puderzucker zum Bestäuben

Nährwerte p. P.

220 kcal
33 g Kohlenhydrate
9 g Fett
2 g Eiweiß

1 Bereiten Sie die Zutaten nach der Zutatenliste vor.

2 Sieben Sie das Mehl auf eine Arbeitsfläche und drücken Sie eine Mulde in die Mitte. Eine Prise Salz, das Ei, das Öl und das Wasser in die Mulde geben. Verrühren Sie alles zu einem glatten Teig und lassen Sie den Teig zugedeckt für 30 Minuten ruhen.

3 Die Äpfel in einer Schüssel mit Zucker und Zimt mischen. Rollen Sie den Teig auf einer bemehlten Arbeitsfläche dünn aus und bestreuen Sie ihn mit Semmelbröseln.

4 Die Apfelmischung auf dem Teig verteilen, dabei einen Rand von ca. 2 cm frei lassen. Rollen Sie den Teig mit Hilfe eines Küchentuchs vorsichtig auf und legen Sie ihn in eine gefettete Auflaufform. Mit geschmolzener Butter bestreichen und im vorgeheizten Ofen bei 180 °C Umluft für 45 bis 50 Minuten backen.

5 Bestäuben Sie den Strudel zuletzt mit Puderzucker.

Salate & Suppen

SCHOPSKA

GEMISCHTER SALAT MIT SCHAFSKÄSE

4 Port.

15 Min.

Leicht

Zutaten

Etwas Salz
Essig und Öl
Etwas frische Petersilie
150 g Schafskäse
1 Zwiebel
4 geröstete Paprikaschoten
1 Gurke
3 Tomaten

Nährwerte p. P.

220 kcal
10 g Kohlenhydrate
16 g Fett
9 g Eiweiß

1 Schneiden Sie zunächst die Paprika, die Zwiebel, die Gurke und die Tomaten klein. Geben Sie die Zutaten in eine Schüssel und schmecken Sie sie mit Salz, Essig und Öl ab. Schneiden Sie den Käse klein, waschen und hacken Sie die Petersilie.

2 Vermischen Sie den Käse mit dem Gemüse und bestreuen Sie Ihren Schopska mit der frischen Petersilie.

RIBLJA JUHA

DALMATIEN-FISCHSUPPE MIT GEMÜSE

4 Port.

25 Min.

Leicht

Zutaten

3 EL Olivenöl
Etwas Salz
200 ml Weißwein
½ EL ganze Pfefferkörner
1 kleiner Bund Petersilie
1 EL Tomatenmark
2 Lorbeerblätter
4 Knoblauchzehen
3 rote Zwiebeln
½ Knollensellerie
5 große Karotten
1 Stange Porree
1 kg Fisch (Makrele, Goldbrasse oder Barsch)

Nährwerte p. P.

104 kcal
2 g Kohlenhydrate
3 g Fett
23 g Eiweiß

1 Waschen Sie den Fisch ab und tupfen Sie ihn trocken. Schneiden Sie den Fisch dann in Würfel. Putzen Sie das Gemüse und schneiden Sie es in mundgerechte Stücke. Erhitzen Sie das Olivenöl in einer Pfanne und schwitzen Sie das Gemüse darin glasig an. Geben Sie das Tomatenmark dazu und rösten Sie die Menge an. Löschen Sie mit dem Weißwein ab und lassen Sie alles einreduzieren.

2 Geben Sie den Fisch auf das Gemüse in die Pfanne und füllen Sie die Pfanne mit Wasser auf, bis der Fisch abgedeckt ist. Fügen Sie nun alle Gewürze hinzu und lassen Sie die Menge für etwa 8 Minuten köcheln. Rühren Sie nicht um.

3 Waschen Sie die Petersilie und schütteln Sie sie trocken. Hacken Sie die Petersilie und verteilen Sie die Hälfte davon auf 4 Teller. Geben Sie dann je 1 Fischfilet und etwas Gemüsesuppe darauf und garnieren Sie mit der übrigen Petersilie.

JUHA OD PERŠINA

PETERSILIENSUPPE

4 Port. 50 Min. Leicht

Zutaten

Schnittlauchröllchen
Frisch gehackter Dill
Etwas Muskat
Pfeffer aus der Mühle
Etwas Salz
2 EL saure Sahne
100 ml Schlagsahne
800 ml Gemüsebrühe
2 EL Olivenöl
1 Knoblauchzehe
1 Schalotte
100 g mehligkochende Süßkartoffeln
100 g Knollensellerie
400 g Petersilienwurzel

Nährwerte p. P.

220 kcal
15 g Kohlenhydrate
16 g Fett
5 g Eiweiß

1 Schälen Sie den Sellerie, die Kartoffeln sowie die Petersilienwurzel und schneiden Sie alles in Würfel. Schälen und würfeln Sie auch Knoblauch und Schalotte und schwitzen Sie beides in einer Pfanne in Öl glasig an.

2 Geben Sie Petersilienwurzel, Kartoffeln und Sellerie dazu und schwitzen Sie sie mit, bis sie farblos werden. Löschen Sie dann mit der Brühe ab und lassen Sie die Menge für 20 Minuten köcheln.

3 Geben Sie jetzt die Schlagsahne dazu und pürieren Sie die Suppe sehr fein. Lassen Sie sie noch ein bisschen einköcheln. Zuletzt geben Sie die saure Sahne dazu und würzen mit Muskat, Pfeffer und Salz.

4 Verteilen Sie die Suppe auf die Teller und garnieren Sie sie mit den Kräutern.

SALATA OD BIJELOG KUPUSA

KROATISCHER WEIẞKRAUTSALAT

4 Port.

30 Min.

Leicht

Zutaten

2 EL Sonnenblumenöl
2 EL Essig
1 EL weißer Zucker
1 EL Salz
½ Kopf frischer Weißkohl

Nährwerte p. P.

362 kcal
4 g Kohlenhydrate
23 g Fett
4 g Eiweiß

1 Entfernen Sie die äußeren Blätter des Weißkohls, halbieren Sie den Kohl und entfernen Sie den Strunk.

2 Hobeln Sie den Kohl in feine Streifen. Bestreuen Sie die Kohlstreifen mit Salz und Zucker, vermischen Sie die Menge und lassen Sie sie für 20 Minuten ziehen. Rühren Sie zwischendurch um.

3 Drücken Sie den Weißkohl jetzt aus und schütten Sie den Saft weg. Beträufeln Sie den Salat dann mit Essig und Öl.

BLITVA

MANGOLD-SALAT

4 Port.

30 Min.

Leicht

Zutaten

Pfeffer und Salz
1 EL Suppenpulver
12 EL Olivenöl
4 gehackte Knoblauchzehen
1 gewürfelte Zwiebel
500 g speckige Kartoffeln
1 kg Mangold (grün oder bunt)

Nährwerte p. P.

457 kcal
15 g Kohlenhydrate
36 g Fett
17 g Eiweiß

1 Waschen Sie den Mangold und trennen Sie die Blätter vom Stiel. Schneiden Sie den Stiel in Stücke und die Blätter in Streifen. Schälen und würfeln Sie die Kartoffeln und garen Sie sie in Salzwasser. Nach 7 Minuten Garzeit geben Sie das Suppenpulver und die Mangoldstiele dazu. Lassen Sie alles gar werden.

2 Erhitzen Sie währenddessen 5 EL Olivenöl in einer Pfanne und schwitzen Sie die gewürfelte Zwiebel darin an. Geben Sie den Knoblauch und die Mangoldblätter dazu. Würzen Sie mit Salz und dünsten Sie alles für 5 Minuten.

3 Gießen Sie die Kartoffelmenge ab und geben Sie Mangoldstiele und Kartoffeln mit in die Pfanne. Fügen Sie 5 weitere EL Öl hinzu und zerdrücken Sie die Kartoffeln leicht mit einer Gabel. Schmecken Sie mit Pfeffer und Salz ab.

4 Verteilen Sie den Salat auf die Teller und beträufeln Sie ihn mit dem übrigen Olivenöl.

JUHA OD SLANUTKA I BLITVA

KICHERERBSENSUPPE

4 Port.

12,5 Std.

Leicht

Zutaten

Pfeffer und Salz
200 g frischer Mangold, in Streifen
400 g Tomaten aus dem Glas, in Stücken
2 El kaltgepresstes Olivenöl
1 mittelscharfe, gewürfelte Peperoni
2 gehackte Knoblauchzehen
1 gehackte Zwiebel
1 Lorbeerblatt
1 große, gewürfelte Karotte
1 Stück gewürfelter Knollensellerie
400 g trockene Kichererbsen
1 EL Natron

Nährwerte p. P.

229 kcal
21 g Kohlenhydrate
12 g Fett
9 g Eiweiß

1 Bereiten Sie zunächst die Zutaten nach der Zutatenliste vor. Weichen Sie die Kichererbsen über Nacht in Wasser ein, vermischen Sie sie dann mit 1 EL Natron und lassen Sie sie für 1 Stunde ziehen. Reiben Sie anschließend die Schale mit den Händen ab und spülen Sie sie unter fließendem, kaltem Wasser ab.

2 Geben Sie die Kichererbsen in einen Topf, geben Sie frisches Wasser, Lorbeerblatt, Karotte und Sellerie dazu und kochen Sie alles etwa 1 Stunde lang weich.

3 Geben Sie die Menge in ein Sieb zum Abtropfen, stellen Sie das Kochwasser zur Seite. Pürieren Sie ein Drittel der Erbsen mit ein wenig des Kochwassers in einem Mixer.

4 Erhitzen Sie jetzt das Olivenöl in einem Topf und dünsten Sie Knoblauch und Zwiebel darin an. Geben Sie die Peperoni dazu und dünsten Sie diese mit. Nun fügen Sie die Tomaten hinzu und lassen die Menge abgedeckt für 10 Minuten köcheln.

5 Waschen Sie währenddessen den Mangold und garen Sie die Streifen für etwa 10 Minuten in Salzwasser. Nehmen Sie sie heraus und geben Sie sie zu den Tomaten. Geben Sie jetzt auch die Kichererbsenmenge zu den Tomaten, fügen Sie die pürierten Kichererbsen hinzu und schmecken Sie mit Salz und Pfeffer ab.

JUHA OD GRAHA

WEIßE BOHNENSUPPE

4 Port.

2,5 Std.

Leicht

Zutaten

500 g weiße, getrocknete Bohnen
6 geräucherte Schweine-rippchen
2 Tomaten
1 Möhre
1 Lorbeerblatt
1 Zwiebel
2 EL Sonnenblumenöl
1,2 l Gemüsebrühe

Nährwerte p. P.

327 kcal
27 g Kohlenhydrate
13 g Fett
23 g Eiweiß

1 Weichen Sie die Bohnen am Vortag in einem Topf mit Wasser ein und lassen Sie sie über Nacht stehen. Am Folgetag kochen Sie die Bohnen im selben Wasser für 90 Minuten.

2 Schälen Sie Möhre und Zwiebel und schneiden Sie beides klein. Erhitzen Sie das Öl in einem Topf und dünsten Sie beides bei mittlerer Hitze darin an. Geben Sie dann die Rippchen sowie das Lorbeerblatt dazu und gießen Sie mit der Gemüsebrühe an. Decken Sie den Topf ab und lassen Sie alles für 30 Minuten köcheln.

3 Waschen und würfeln Sie währenddessen die Tomaten. Gießen Sie die Bohnen ab und geben Sie Bohnen und Tomaten zur Zwiebelmenge dazu. Lassen Sie alles zusammen für weitere 10 Minuten köcheln.

CORBA OD JABUKA

APFELSUPPE KROATISCHER ART

 4 Port.  2,5 Std.  Leicht

Zutaten

250 ml kräftiger Weißwein
1 TL Salz
1 TL Mehl
1 ½ EL Zucker
40 g Butter
½ Zimtstange
1 TL Nelken
½ Zitrone (die Schale davon)
750 g säuerliche Äpfel

Zudem:
20 g Butter
4 Scheiben Weißbrot

Nährwerte p. P.

230 kcal
13 g Kohlenhydrate
15 g Fett
12 g Eiweiß

1 Waschen Sie die Äpfel, entfernen Sie das Kerngehäuse und schneiden Sie die Äpfel in Achtel. Waschen Sie die Zitrone und reiben Sie die Schale ab. Geben Sie Äpfel, Zitronenschale, Zimtstange und Nelken in einen Topf, gießen Sie ein wenig Wasser dazu und bringen Sie die Menge bei niedriger Temperatur zum Kochen. Dünsten Sie die Menge gar und passieren Sie sie durch ein Sieb.

2 Erhitzen Sie die Butter in einer Pfanne, geben Sie den Zucker dazu und lassen Sie ihn karamellisieren. Rühren Sie das Mehl hinein, gießen Sie einen Schuss Wasser dazu und würzen Sie mit Salz. Verrühren Sie die Menge und mischen Sie dann den Apfelbrei hinein. Gießen Sie nun mit dem Wein an, lassen Sie die Suppe kurz aufkochen.

3 Rösten Sie währenddessen das Weißbrot in der Butter und schneiden Sie es in Würfel. Verteilen Sie die Suppe auf vorgewärmte Teller und garnieren Sie sie mit dem Brot.

Rezepte mit Fleisch

DJUVEC

KROATISCHE REISPFANNE

3 Port. 30 Min. Leicht

Zutaten

Etwas Öl
Etwas edelsüßes Paprikapulver
Pfeffer und Salz
1 EL Tomatenmark
2 EL kroatische Gewürzmischung Vegeta
1 kleine Dose Erbsen
1 rote Paprikaschote
1 mittelgroße Dose Mais
400 g Hähnchenbrustfilet
1 kleine Zwiebel
2 Tassen Reis

Nährwerte p. P.

667 kcal
93 g Kohlenhydrate
11 g Fett
46 g Eiweiß

1 Bereiten Sie zunächst alles vor. Schälen und würfeln Sie die Zwiebel, waschen Sie das Fleisch und schneiden Sie es in mundgerechte Stücke. Halbieren Sie die Paprika, entnehmen Sie das Kerngehäuse und schneiden Sie sie ebenfalls in Würfel. Lassen Sie Erbsen und Mais abtropfen.

2 Braten Sie die Zwiebel in etwas Öl an, geben Sie das Fleisch dazu und braten Sie es gar. Geben Sie jetzt den Reis auf die Menge, rühren Sie kurz um und füllen Sie die Menge mit Wasser auf (4 Tassen Wasser pro 2 Tassen Reis). Geben Sie auch das Vegeta dazu und lassen Sie die Menge köcheln. Rühren Sie zwischendurch.

3 Geben Sie das Paprikapulver sowie das Tomatenmark nach etwa 10 Minuten dazu. Kurz vor Ende der Garzeit geben Sie Mais, Erbsen und Paprika dazu, rühren erneut um und schmecken mit Pfeffer und Salz ab.

KROATISCHE PEKA

RINDERPFANNE

4 Port.

1 Std.
45 Min.

Leicht

Zutaten

Je 1 Prise Salz und Pfeffer
1 Zweig frischer Rosmarin
100 ml Weißwein
2 Paprika
5 Karotten
1 Zwiebel
2 Zucchini
1 Kartoffel
200 ml Olivenöl
1 kg Rindfleisch

Nährwerte p. P.

270 kcal
19 g Kohlenhydrate
20 g Fett
21 g Eiweiß

1 Bereiten Sie die Zutaten vor. Waschen und schälen Sie das Gemüse, entfernen Sie Kerne oder Schale und schneiden Sie alles in mundgerechte Stücke. Waschen Sie das Fleisch und schneiden Sie es klein. Waschen und hacken Sie den Rosmarin.

2 Stellen Sie den Wein zunächst zur Seite. Geben Sie alle Zutaten in eine flache Eisenform. Decken Sie die Form mit einem Eisendeckel ab. Heizen Sie einen Grill an und stellen Sie die Eisenform in die Glut des Grills.

3 Lassen Sie die Menge für 1 Stunde garen und rühren Sie zwischendurch um. Gießen Sie anschließend mit dem Wein auf, decken Sie die Menge erneut ab und lassen Sie sie für weitere 30 Minuten garen. Zuletzt würzen Sie gegebenenfalls noch einmal nach.

CEVAPCICI

FLEISCHRÖLLCHEN

4 Port.

1 Tag

Leicht

Zutaten

Etwas Paprikapulver
1 Schuss Mineralwasser
Pfeffer und Salz
2 Knoblauchzehen
800 g fein faschiertes Rindfleisch in Kombination mit Schaf oder Lamm

Nährwerte p. P.

215 kcal
1 g Kohlenhydrate
15 g Fett
18 g Eiweiß

1 Würzen Sie das Fleisch zunächst mit Pfeffer und Salz und pressen Sie die beiden Knoblauchzehen dazu. Geben Sie dann etwas Paprikapulver dazu, um dem Gericht eine pikante Note zu geben. Jetzt geben Sie einen Schuss Mineralwasser dazu und kneten die Fleischmenge gründlich. Durch das Kneten verbinden sich die Fleischfasern optimal, das Mineralwasser lockert das Fleisch auf.

2 Geben Sie die Fleischmenge am besten über Nacht, wenigstens aber für einige Stunden in den Kühlschrank. Am Folgetag kneten Sie die Menge nochmals durch und verarbeiten Sie direkt oder stellen sie bis zur Verarbeitung weiterhin kalt.

3 Formen Sie das Fleisch zu etwa gleich großen Röllchen und braten Sie es in der Pfanne oder auf dem Grill kurz durch. Das Fleisch sollte nicht zu trocken werden. Traditionell werden Cevapcici mit Zwiebelringen oder Ajvar serviert.

SARMA

KOHLROULADEN

4 Port.

1 Tag

Leicht

Zutaten

1 Kopf Weißkohl, sauer eingelegt
2 Pck. Sauerkraut
Edelsüßes und scharfes Paprikapulver
Pfeffer und Salz
1 kleines, geräuchertes Rippchen
120 g roher Reis
1 Ei
2 Knoblauchzehen
1 fein geschnittene Zwiebel
500 g gemischtes, faschiertes Hackfleisch

Nährwerte p. P.

264 kcal
9 g Kohlenhydrate
9 g Fett
10 g Eiweiß

1 Entfernen Sie zunächst den Strunk des Kohls und zupfen Sie die Blätter ab. Vermischen Sie das Hackfleisch mit Ei, Reis, gepresstem Knoblauch, Zwiebel, Paprikapulver, Pfeffer und Salz.

2 Füllen Sie Ihre Kohlblätter mit der Fleischmischung und rollen Sie sie zu Rouladen auf. Binden Sie die Rouladen vorsichtig mit Küchengarn zu.

3 Stellen Sie eine Form bereit und geben Sie eine Packung Sauerkraut hinein. Darauf schichten Sie nun die Kohlrouladen. Obendrauf verteilen Sie das übrige Sauerkraut, legen das Rippchen darauf und gießen etwas Wasser darüber.

4 Lassen Sie nun alles für 2 Stunden bei niedriger Hitze köcheln. Optimalerweise stellen Sie das Gericht zuvor für einen Tag oder eine Nacht kalt.

RAZNJICI

GRILLSPIEßE

4 Port.

25 Min.

Leicht

Zutaten

8 Holzspieße
Etwas Öl zum Braten
Pfeffer aus der Mühle und Salz
3 EL Öl
2 Knoblauchzehen
1 geachtelte Zwiebel
2 Paprikaschoten (rot und grün), in Würfeln
100 g Speck, in Scheiben
300 g gewürfeltes Lammfleisch
300 g gewürfeltes Schweinefleisch

Nährwerte p. P.

200 kcal
2 g Kohlenhydrate
13 g Fett
17 g Eiweiß

1 Spießen Sie zunächst die Paprika, die Zwiebel, den Speck und das Fleisch abwechselnd auf die Spieße. Pressen Sie den Knoblauch und vermischen Sie ihn mit dem Öl.

2 Streichen Sie die Spieße mit der Öl-Mischung ein und würzen Sie sie mit Salz und Pfeffer.

3 Heizen Sie einen Grill an und grillen Sie die Spieße für 15 Minuten auf einem Rost. Alternativ können Sie die Spieße auch in einer Pfanne in Öl braten.

PLESCAVICA

HACKFLEISCH-FRIKADELLEN

6 Port. 40 Min. Leicht

Zutaten

100 ml heißes Wasser
1 EL Paniermehl
1 EL Instant-Gemüsebrühe
3 EL scharfes Paprikapulver
1 gehackte Knoblauchzehe
1 fein gehackte Zwiebel
1 TL Salz
1 TL schwarzer, gemahlener Pfeffer
1 Ei
500 g Hackfleisch vom Schwein
500 g Hackfleisch vom Rind
Etwas Öl

Nährwerte p. P.

507 kcal
5 g Kohlenhydrate
39 g Fett
34 g Eiweiß

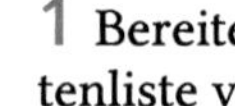

1 Bereiten Sie die Zutaten nach der Zutatenliste vor.

2 Geben Sie das Hackfleisch gemischt in eine große Schüssel. Vermischen Sie das Paniermehl mit Brühe, Paprikapulver, Pfeffer, Salz, Zwiebel und Knoblauch in einer kleinen Schüssel. Verquirlen Sie die Menge mit dem heißen Wasser sowie dem Ei.

3 Geben Sie die Menge auf das Hackfleisch und kneten Sie alles zusammen durch. Formen Sie nun 6 große Frikadellen aus der Masse und lassen Sie sie 30 Minuten ruhen.

4 Erhitzen Sie etwas Öl in einer Pfanne und braten Sie die Plescavica darin rundherum durch. Als Beilagen eignen sich selbstgemachte Pommes frites oder Kartoffeln.

PUNJENE PAPRIKE

GEFÜLLTE PAPRIKA

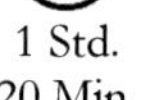

4 Port. 1 Std. 20 Min. Leicht

Zutaten

3 TL gehacktes Basilikum
3 EL Olivenöl
Pfeffer, Salz und Vegeta (kroatische Gewürzmischung)
2 EL Zucker
400 ml pürierte Tomaten
8 Paprika
1 frische, gehackte Chilischote
500 g Putenhackfleisch
40 g Gerstenbrei
1 Pck. Fant für gefüllte Paprika (Soßenpulver)
100 ml + 1 l Wasser

Nährwerte p. P.

455 kcal
3 g Kohlenhydrate
36 g Fett
31 g Eiweiß

1 Kochen Sie zunächst die Gerste für 30 Minuten in Salzwasser gar. Gießen Sie die Gerste ab und spülen Sie sie unter kaltem Wasser durch.

2 Vermischen Sie das Soßenpulver mit 100 ml lauwarmem Wasser und lassen Sie die Menge kurz ziehen. Vermischen Sie dann das Hackfleisch mit der gehackten Chilischote, der Gerste sowie der Soße.

3 Befreien Sie die Paprika von Strunk und Kernen und füllen Sie sie mit der Hackfleisch-Mischung. Geben Sie die Paprika in einen passenden Topf. Verrühren Sie die Vegeta mit Pfeffer, Salz, Zucker, pürierten Tomaten sowie 1 Liter Wasser und gießen Sie die Menge über die Paprika. Bringen Sie die Tomatensoße zum Kochen, legen Sie einen Deckel auf und lassen Sie die Menge für 40 Minuten köcheln. Rühren Sie die Soße zwischendurch um.

4 Zuletzt geben Sie das Öl sowie das Basilikum in die Soße und rühren ein letztes Mal um. Nach Belieben können Sie ein frisches Kartoffelpüree dazu servieren.

HRVATSKA RIŽINA TAVA

KROATISCHE REISPFANNE MIT HÄHNCHENBRUSTFILET

3 Port. 20 Min. Leicht

Zutaten

Etwas Öl
Edelsüßes Paprikapulver
Pfeffer und Salz
1 EL Tomatenmark
2 EL Vegeta (kroatische Gewürzmischung)
1 kleine Dose Erbsen
1 rote Paprikaschote
1 Dose Mais
2 Tassen Reis
400 g Hähnchenbrustfilet
1 kleine Zwiebel

Nährwerte p. P.

667 kcal
93 g Kohlenhydrate
11 g Fett
46 g Eiweiß

1 Bereiten Sie zunächst die Zutaten vor. Schälen und würfeln Sie die Zwiebel. Waschen Sie das Fleisch und schneiden Sie es klein. Entfernen Sie Strunk und Kerne der Paprika und schneiden Sie sie in Würfel. Lassen Sie die Erbsen und den Mais abtropfen.

2 Braten Sie nun die Zwiebel in etwas Öl an, geben Sie das Fleisch hinzu und braten Sie dieses gar. Geben Sie den Reis dazu und bedecken Sie ihn mit Wasser (am besten die doppelte Menge an Wasser, also 4 Tassen). Geben Sie das Vegeta dazu und lassen Sie die Menge köcheln.

3 Rühren Sie zwischendurch um, geben Sie nach etwa 10 Minuten das Tomatenmark sowie das Paprikapulver dazu. Köcheln Sie die Menge weiter und fügen Sie noch etwas Wasser hinzu, falls dieses zu schnell verdampft. Ist der Reis gar, geben Sie den Mais, die Paprika und die Erbsen dazu. Lassen Sie die Menge kurz weiter köcheln und schmecken Sie mit Pfeffer und Salz ab.

MUCKALICA

SCHWEINEFILET-GEMÜSE-PFANNE

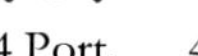

4 Port. 45 Min. Mittel

Zutaten

Pfeffer und Salz
4 Knoblauchzehen
3 Zwiebeln
2 EL kalt gepresstes Olivenöl
1 EL Liebstöckel
1 TL Thymian
2 Lorbeerblätter
250 g tiefgekühlte Erbsen
2 rote Chilischoten
200 g Auberginen
4 Tomaten
3 Paprika (rot, gelb und grün)
Etwas grober Pfeffer
1 großes Schweinefilet

Nährwerte p. P.

434 kcal
46 g Kohlenhydrate
10 g Fett
40 g Eiweiß

1 Waschen und halbieren Sie das Schweinefilet und schneiden Sie es in kurze Streifen. Waschen Sie das Gemüse und schneiden Sie es in kleine Würfel. Geben Sie die gefrorenen Erbsen und das übrige Gemüse mit Kräutern und 1 EL Öl in eine Pfanne und braten Sie alles unter Rühren für 15 Minuten an.

2 Braten Sie das Fleisch in einer weiteren Pfanne in Öl an, rühren Sie immer wieder um. Schälen und würfeln Sie Knoblauch und Zwiebeln, geben Sie beides zum Fleisch und braten Sie es an. Das fertige Gemüse geben Sie ebenfalls dazu. Verrühren Sie die Menge und schmecken Sie mit Pfeffer und Salz ab.

3 Servieren Sie Baguette oder Reis als Beilage.

PILETINA IZ PLADNJA

HÜHNCHEN VOM BLECH

4 Port.

1 Std. 5 Min.

Leicht

Zutaten

Pfeffer
Frischer Rosmarin
Etwas Meersalz
Edelsüßes Paprikapulver
Etwas Olivenöl
Mais nach Bedarf
4 Knoblauchzehen
2 Karotten
2 Zucchini
2 Zwiebeln
6 große Kartoffeln
4 Paprikaschoten (gelb und rot)
1 Hähnchen

Nährwerte p. P.

823 kcal
35 g Kohlenhydrate
51 g Fett
55 g Eiweiß

1 Heizen Sie den Backofen auf 200 °C Ober-/Unterhitze vor. Zerteilen Sie das Hähnchen und würzen Sie es kräftig mit Pfeffer, Salz, Paprikapulver und gehacktem Rosmarin. Bestreichen Sie das Hähnchen mit Öl und legen Sie die Stücke auf ein Backblech mit Backpapier.

2 Schälen und vierteln Sie die Kartoffeln. Würzen Sie die Kartoffeln ebenfalls mit Pfeffer, Salz, Paprikapulver und Rosmarin und bestreichen Sie sie mit Öl.

3 Waschen Sie die Paprika, schneiden Sie sie in Viertel und entfernen Sie die Kerne sowie die weißen Trennwände. Schälen und halbieren Sie Zwiebeln und Karotten. Lassen Sie die Zucchini am Stück. Schälen Sie die Knoblauchzehen. Legen Sie alles auf ein weiteres Backblech mit Backpapier und streuen Sie den Mais ebenfalls in eine Ecke darauf. Legen Sie die Rosmarinzweige über die Kartoffeln.

4 Geben Sie nun beide Backbleche in den vorgeheizten Ofen und garen Sie alles für 50 Minuten.

Rezepte mit Fisch & Meeresfrüchten

BAKALAR S BAKALAROM

KABELJAU-SUPPE

6 Port.

2 Tage

Leicht

Zutaten

2 EL Tomatenmark
1 EL Vegeta (kroatische Gewürzmischung)
Pfeffer und Salz
100 ml Weißwein
150 ml Olivenöl
1 Zwiebel
1 Lorbeerblatt
1 Bund Petersilie
2 Knoblauchzehe
600 g Kartoffeln
500 g Kabeljau

Nährwerte p. P.

455 kcal
3 g Kohlenhydrate
36 g Fett
31 g Eiweiß

1 Entfernen Sie zunächst Flossen und Schwanz des Kabeljaus und klopfen Sie den Fisch mit einem Fleischklopfer. Geben Sie den Fisch zum Einweichen in Wasser. Dies dauert 2 Tage. Zwischendurch sollten Sie das Wasser mehrmals wechseln.

2 Den eingeweichten Fisch geben Sie dann in eine Schüssel. Übergießen Sie ihn mit Wasser. Schälen und hacken Sie Zwiebel und Knoblauch und geben Sie Zwiebel und eine Knoblauchzehe mit Pfeffer, Vegeta und Lorbeerblatt dazu. Kochen Sie den Fisch nun gar und lassen Sie ihn im Wasser abkühlen. Entfernen Sie im Anschluss Knochen und Haut. Waschen und hacken Sie die Petersilie.

3 Schneiden Sie die Kartoffeln klein und kochen Sie sie in dem Wasser des Kabeljaus. Vermischen Sie anschließend Kartoffeln und Fisch miteinander und geben Sie auch das Kochwasser und das Tomatenmark dazu. Geben Sie dann die übrige Knoblauchzehe, Pfeffer und Salz, Olivenöl und gehackte Petersilie dazu. Rühren Sie die Menge um und gießen Sie den Weißwein dazu. Fertig!

Info: Traditionell wird dieses Gericht gern zu Weihnachten gegessen.

RIBLJI LONAC

KROATISCHER FISCHTOPF MIT MAISGRIEß

4 Port.

1 Std.

Leicht

Zutaten

220 ml Weißwein
1 ½ l Wasser
1 El entkernte, schwarze Oliven
10 g Salz
120 ml Olivenöl
300 g Maisgrieß
3 Knoblauchzehen
3 kleine Zwiebeln
3 EL gehackte, frische Petersilie
1 kg frischer Fisch
4 frische Tomaten
1 Zitrone
Salz und Pfeffer

Nährwerte p. P.

64 kcal
5 g Kohlenhydrate
2 g Fett
6 g Eiweiß

1 Schälen Sie die Zwiebeln und schneiden Sie sie in Scheiben. Erhitzen Sie das Öl in einer Pfanne und geben Sie die Zwiebeln hälftig dazu und rösten Sie sie an. Waschen Sie den Fisch, entfernen Sie die Gräten und schneiden Sie den Fisch klein.

2 Legen Sie jetzt den Fisch auf die Zwiebeln. Waschen Sie die Tomaten, schneiden Sie sie ebenfalls in Scheiben und legen Sie die Tomaten auf den Fisch in die Pfanne. Schälen und hacken Sie den Knoblauch und vermischen Sie ihn mit den übrigen Zwiebeln.

3 Waschen und hacken Sie die frische Petersilie und vermischen Sie sie mit Weißwein, einem Schuss Öl und einem Schuss Wasser. Schmecken Sie mit Pfeffer und Salz ab. Geben Sie die Knoblauchmenge zum Fisch und kochen Sie den Fisch langsam gar.

4 Geben Sie jetzt das Wasser in einen Topf, würzen Sie mit Salz und rühren Sie den Maisgrieß in das kochende Wasser. Lassen Sie den Maisgrieß für 40 Minuten garen. Geben Sie den fertigen Grieß in eine Schüssel. Legen Sie dann den Fisch darauf und gießen Sie die Soße darüber. Geben Sie dann die Oliven obenauf. Waschen Sie die Zitrone und schneiden Sie sie in Scheiben. Garnieren Sie Ihr Fischgericht damit.

PAŠTETA OD TUNE

THUNFISCHPASTETE MIT BAGUETTE

 4 Port.

 1 Std.

 Leicht

Zutaten

Pfeffer und Salz
2 EL Olivenöl
2 EL Schmand
2 EL Pinienkerne
1 Handvoll Petersilie
2 Knoblauchzehen
1 EL Kapern
½ Zitrone (den Saft davon)
1 El Senf
2 hart gekochte Eigelbe
2 gesalzene Sardellenfilets
250 g Thunfisch
1 Baguette

Nährwerte p. P.

171 kcal
38 g Kohlenhydrate
10 g Fett
29 g Eiweiß

1 Geben Sie alle Zutaten (mit Ausnahme von Pfeffer, Salz, Olivenöl und Baguette) zusammen und mixen Sie die Menge zu einer glatten Masse. Geben Sie das Öl dazu und mixen Sie erneut. Würzen Sie mit Pfeffer und Salz und verrühren Sie die Menge.

2 Stellen Sie die Pastete kalt und backen Sie das Baguette auf. Servieren Sie das Baguette mit der kalten Pastete.

RIBLJI GULAŠ

FISCHGULASCH MIT KARTOFFELN

4 Port.

45 Min.

Leicht

Zutaten

4 EL saure Sahne
½ Bund Schnittlauch
1 kleine Zitrone
600 g Schellfisch
Pfeffer und Jodsalz mit Fluorid
½ TL Kreuzkümmel
400 g stückige Tomaten
200 ml Gemüsebrühe
1 EL edelsüßes Paprikapulver
2 EL Tomatenmark
2 EL Rapsöl
2 rote Paprikaschoten
2 Knoblauchzehen
3 Zwiebeln
800 g Kartoffeln

Nährwerte p. P.

374 kcal
35 g Kohlenhydrate
9 g Fett
34 g Eiweiß

1 Schälen Sie die Kartoffeln und schneiden Sie sie in Würfel. Schälen Sie Knoblauch und Zwiebeln, schneiden Sie die Zwiebeln in Ringe und hacken Sie den Knoblauch. Halbieren und entkernen Sie die Paprika, schneiden Sie sie dann in Würfel.

2 Erhitzen Sie das Öl in einer Pfanne und dünsten Sie Zwiebeln und Knoblauch für 3 Minuten darin an. Geben Sie Kartoffeln und Paprika dazu und dünsten Sie beides für 5 Minuten unter Rühren. Geben Sie das Tomatenmark dazu und rösten Sie die Menge an. Streuen Sie das Paprikapulver darüber, löschen Sie mit der Brühe ab und gießen Sie mit den stückigen Tomaten an. Würzen Sie mit Salz, Pfeffer und Kreuzkümmel.

3 Lassen Sie die Menge abgedeckt für 15 Minuten bei niedriger Hitze köcheln. Waschen Sie währenddessen den Fisch und tupfen Sie ihn trocken. Schneiden Sie die Filets in Würfel. Pressen Sie die Zitrone aus und beträufeln Sie den Fisch mit dem Zitronensaft. Geben Sie den Fisch jetzt mit in die Pfanne und lassen Sie Ihr Gulasch für 5 weitere Minuten köcheln. Würzen Sie mit Pfeffer und Salz nach.

4 Waschen Sie den Schnittlauch und schütteln Sie ihn trocken, schneiden Sie ihn dann in Ringe. Verteilen Sie Ihr Gulasch auf die Teller und garnieren Sie mit je 1 EL saure Sahne sowie dem Schnittlauch.

BUZARA

MEERESFRÜCHTE AUS DER PFANNE

1 Port.

30 Min.

Leicht

Zutaten

1 Prise Pfeffer
1 TL Salz
1 Dose geschälte Tomaten
1 EL Gemüsebrühe
4 EL Semmelbrösel
200 ml Olivenöl
5 EL Petersilie
6 Knoblauchzehen
400 ml Weißwein (zimmerwarm)
1 kg Miesmuscheln

Nährwerte p. P.

629 kcal
25 g Kohlenhydrate
35 g Fett
22 g Eiweiß

1 Schälen und hacken Sie den Knoblauch. Waschen und hacken Sie die Petersilie. Erhitzen Sie das Öl in einer Pfanne und braten Sie den Knoblauch darin an. Geben Sie die Tomaten dazu und braten Sie sie für 3 Minuten mit an.

2 Geben Sie Pfeffer, Salz und Brühe dazu, rühren Sie gut um und gießen Sie mit dem Weißwein an. Geben Sie die Semmelbrösel sowie die Petersilie dazu und lassen Sie alles für 2 Minuten köcheln. Geben Sie zum Schluss die Muscheln hinzu und lassen Sie sie etwa 15 Minuten köcheln.

Eintöpfe

PEKA S GOVEDINOM

EINTOPF MIT RINDFLEISCH

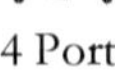

4 Port. 1 Std. 45 Min. Leicht

Zutaten

Je 1 Prise Salz und Pfeffer
1 Zweig frischer Rosmarin
100 ml Weißwein
2 Paprika
5 Karotten
1 Zwiebel
2 Zucchini
1 kg Kartoffeln
200 ml Olivenöl
1 kg Rindfleisch

Nährwerte p. P.

256 kcal
21 g Kohlenhydrate
20 g Fett
22 g Eiweiß

1 Stellen Sie den Wein zunächst zur Seite und geben Sie die übrigen Zutaten, das Gemüse gewaschen, in eine Eisenform und decken Sie diese mit einem Deckel ab. Heizen Sie einen Grill an und stellen Sie die Eisenform in die Glut hinein.

2 Lassen Sie die Zutaten für 1 Stunde darin garen, rühren Sie zwischendurch um. Gießen Sie die Menge dann mit dem Weißwein auf, decken Sie sie erneut ab und lassen Sie alles für eine weitere halbe Stunde garen.

GULAŠ OD KOBASICA

DEFTIGER WURSTEINTOP

 4 Port.  40 Min.  Leicht

Zutaten

Gehackte Petersilie
1 Spritzer Zitrone
Pfeffer und Salz
3 EL Schmand
150 ml Sahne
1 ¼ L Fleischbrühe
1 EL Ajvar
3 EL Paprikapulver
1 gewürfelte Tomate
1 Handvoll Reis
9 gewürfelte Kartoffeln
1 gewürfelte Paprikaschote
2 gewürfelte Möhren
100 g Speckwürfel
2 gehackte Knoblauchzehen
2 gehackte Zwiebeln
2 EL Öl
5 Wiener Würstchen
6 frische, rauchige Würstchen (Cabanossi)

Nährwerte p. P.

245 kcal
32 g Kohlenhydrate
3 g Fett
15 g Eiweiß

1 Bereiten Sie die Zutaten nach der Zutatenliste vor. Erhitzen Sie das Öl in einem großen Topf und schwitzen Sie Kartoffeln, Cabanossi, Wiener, Paprika, Möhren, Speck, Zwiebeln und Knoblauch darin an.

2 Geben Sie den Reis nach 3 Minuten dazu und schwitzen Sie ihn ebenfalls an. Fügen Sie die Tomate hinzu und würzen Sie mit Paprikapulver, Salz und Pfeffer. Löschen Sie mit der Brühe sowie der Sahne ab, geben Sie Petersilie, Ajvar und Schmand dazu.

3 Legen Sie einen Deckel leicht auf und lassen Sie alles bei mittlerer Hitze für 25 Minuten köcheln. Schmecken Sie den Eintopf dann mit Pfeffer, Salz und Zitronensaft ab.

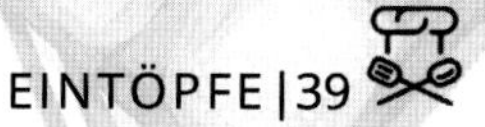

CUSPAJZ OD MAHUNA

GRÜNE-BOHNEN-EINTOPF

 4 Port.

 1 Std.

 Leicht

Zutaten

Pfeffer und Salz
½ TL edelsüßes Paprikapulver
2 EL Mehl
400 g grüne Bohnen
150 g geräucherter Speck
3 mittelgroße Kartoffeln
500 ml Gemüsebrühe
1 Knoblauchzehe
1 Karotte
1 Zwiebel
4 EL neutrales Pflanzenöl
400 ml Wasser

Nährwerte p. P.

227 kcal
27 g Kohlenhydrate
13 g Fett
23 g Eiweiß

1 Erhitzen Sie zunächst 2 EL Öl in einem Topf. Schälen Sie die Zwiebel, schneiden Sie sie klein und dünsten Sie sie im heißen Öl an. Schälen und zerkleinern Sie die Karotte. Schälen und pressen Sie den Knoblauch. Geben Sie zunächst den Knoblauch, dann die Karotte mit in den Topf und dünsten Sie alles für 3 Minuten an. Gießen Sie mit der Brühe an und kochen Sie die Menge auf.

2 Schälen und würfeln Sie die Kartoffeln, geben Sie sie mit in den Topf und lassen Sie den Eintopf für 10 Minuten köcheln. Schneiden Sie den Speck klein, geben Sie ihn dazu und gießen Sie mit 400 ml Wasser an. Waschen Sie die Bohnen, schneiden Sie sie klein und geben Sie sie zum Eintopf. Kochen Sie alles bei mittlerer Hitze gar.

3 Geben Sie 2 EL Öl in einen weiteren Topf und braten Sie das Mehl darin braun an. Nehmen Sie den Topf vom Herd, geben Sie das Paprikapulver dazu und verrühren Sie die Menge zu einer Paste. Verdünnen Sie die Paste mit etwas Wasser und geben Sie sie in den Eintopf. Rühren Sie gründlich um und schmecken Sie mit Pfeffer und Salz ab.

MESNI GULAŠ

FLEISCHEINTOPF

4 Port.

3 Std.

Leicht

Zutaten

3 Knoblauchzehen
1 Zwiebel
3 Tomaten
2 EL gehackte Petersilie
100 g geriebener Greyerzer Käse
250 g Makkaroni
1 Msp. Pfeffer
1 TL Salz
1 Tasse trockener Weißwein
½ Tasse Olivenöl
100 g durchwachsener Speck
300 g Schweinenacken
600 g Rindfleisch

Nährwerte p. P.

218 kcal
19 g Kohlenhydrate
4 g Fett
25 g Eiweiß

1 Waschen und trocknen Sie das Fleisch, schneiden Sie es in Würfel. Würfeln Sie den Speck, überbrühen Sie die Tomaten und schneiden Sie sie in Stücke. Schälen und hacken Sie Zwiebel und Knoblauch. Erhitzen Sie das Öl in einer Pfanne und braten Sie dann das Fleisch darin an. Anschließend geben Sie die Tomaten, den Speck, den Knoblauch und die Zwiebeln dazu.

2 Löschen Sie jetzt die Menge mit dem Wein ab und würzen Sie mit Pfeffer und Salz. Lassen Sie die Menge für 10 Minuten schmoren. Gießen Sie mit Wasser auf, bis das Fleisch vollkommen bedeckt ist. Lassen Sie die Menge nun für 2 Stunden garen. Garen Sie währenddessen auch die Makkaroni und lassen Sie sie im Anschluss abtropfen. Heizen Sie den Backofen auf 200 °C Umluft vor.

3 Geben Sie jetzt eine Schicht Fleisch mit Sauce in eine hitzebeständige Form, machen Sie mit einer Schicht Makkaroni weiter und streuen Sie etwas Käse sowie Petersilie darüber. Wiederholen Sie die Schichtung, bis die Zutaten aufgebraucht sind. Lassen Sie den Eintopf dann für 30 Minuten im Backofen durchziehen.

RIBLJI GULAŠ S DAGNJAMA

FISCHEINTOPF MIT MUSCHELN

4 Port.

40 Min.

Leicht

Zutaten

1 Bund glatte Petersilie
Pfeffer und Salz
800 ml Fischfond
400 ml Weißwein
2 Lorbeerblätter
5 EL Olivenöl
200 g Miesmuscheln
4 große Scampi mit Schale
600 g Dorade
500 g Tomaten
4 Knoblauchzehen
3 große Zwiebeln
Etwas Öl

Nährwerte p. P.

430 kcal
28 g Kohlenhydrate
9 g Fett
41 g Eiweiß

1 Schälen Sie Knoblauch und Zwiebeln und schneiden Sie beides klein. Waschen Sie die Tomaten und schneiden Sie sie in Streifen. Spülen Sie Scampi und Fisch ab, lassen Sie beides abtropfen. Schneiden Sie den Fisch in Würfel. Waschen und entbarten Sie die Muscheln.

2 Erhitzen Sie nun etwas Öl in einer Pfanne und dünsten Sie Lorbeerblätter, Knoblauch und Zwiebeln darin an. Löschen Sie die Menge mit Wein ab und gießen Sie mit dem Fond an. Kochen Sie die Soße auf und geben Sie Scampi, Fisch und Tomaten dazu. Legen Sie einen Deckel auf und lassen Sie die Menge für 5 Minuten köcheln. Jetzt geben Sie die Muscheln dazu und lassen den Eintopf für weitere 3 Minuten köcheln. Würzen Sie mit Pfeffer und Salz ab.

3 Zuletzt waschen Sie die Petersilie, schütteln Sie trocken und hacken Sie klein. Garnieren Sie Ihren fertigen Eintopf mit der Petersilie.

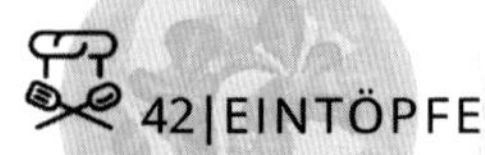

ČOBANAC

ROMATOPF

4 Port.

15 Min.

Leicht

Zutaten

500 g Rindfleisch, gewürfelt
500 g Schweinefleisch, gewürfelt
500 g Zwiebeln, gehackt
Je 1 rote und grüne Paprika, gewürfelt
2 Knoblauchzehen, gehackt
1 Dose gehackte Tomaten
2 Esslöffel Paprikapulver
Je 1 Teelöffel getrockneter Thymian und Majoran
Salz und Pfeffer nach Geschmack
1 Liter Wasser oder Gemüsebrühe
2 Kartoffeln, gewürfelt

Nährwerte p. P.

101 kcal
12 g Kohlenhydrate
3 g Fett
6 g Eiweiß

1 Bereiten Sie zunächst die Zutaten nach der Zutatenliste vor. Braten Sie das Rind- und Schweinefleisch in einem großen Topf an, bis es braun ist.

2 Fügen Sie Zwiebeln, Paprika und Knoblauch hinzu und braten Sie alles zusammen für weitere 5 Minuten an.

3 Geben Sie jetzt Tomaten, Paprikapulver, Thymian, Majoran, Salz und Pfeffer dazu und verrühren Sie die Menge gründlich.

4 Gießen Sie jetzt mit der Brühe oder dem Wasser an und bringen Sie die Menge zum Kochen. Die Hitze reduzieren und abgedeckt 1 bis 2 Stunden köcheln lassen.

5 Geben Sie die Kartoffeln dazu und lassen Sie den Eintopf für weitere 30 Minuten köcheln, bis die Kartoffeln weich sind.

Vegetarische Gerichte

KUHANI STRUKLI

TEIGTASCHEN MIT RICOTTA

 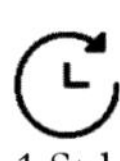 

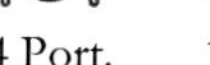

4 Port. | 1 Std. | Leicht

Zutaten

Für den Teig:
Etwas Salz
300 ml Wasser
50 ml Öl
1 Ei
250 g glattes Mehl Type 550
250 g Mehl Type 400

Für die Füllung:
Etwas Salz
2 Eier
75 g Ricotta (frischer Kuhkäse)

Zudem:
Etwas Zucker
80 g Butter
50 g Paniermehl

Nährwerte p. P.

262 kcal
33 g Kohlenhydrate
10 g Fett
10 g Eiweiß

1 Verrühren Sie die Zutaten für den Teig zu einer zähen Masse. Teilen Sie den Teig in zwei Hälften, formen Sie sie zu Kugeln und streichen Sie sie mit Öl ein. Lassen Sie die Kugeln 30 Minuten lang ruhen.

2 Geben Sie etwas Mehl auf eine Arbeitsfläche und rollen Sie die Kugeln darauf aus. Ziehen Sie den Teig dann mit den Fingern auf die gewünschte Größe. Der Teig sollte sehr dünn sein.

3 Vermischen Sie das Salz mit den Eiern sowie dem Kuhkäse und geben Sie die Füllung gleichmäßig auf beide Teigstücke. Rollen Sie beide Stücke auf und schneiden Sie die Rollen in eine beliebige Anzahl.

4 Kochen Sie Ihre Strukli nun für 20 Minuten in kochendem Wasser. Zerlassen Sie die Butter in einer Pfanne und braten Sie das Paniermehl kurz darin an. Geben Sie die Paniermehlmasse über die fertigen Strukli.

5 Dieses Gericht kann ebenfalls als Dessert serviert werden. In diesem Fall bestreuen Sie die Strukli mit dem Zucker.

SNENOKLE

KROATISCHES EIERGERICHT

1 Port.

3 Std.

Leicht

Zutaten

1 EL Speisestärke
1 Vanilleschote
100 g Zucker
1 Liter Milch
6 Eier

Nährwerte p. P.

1655 kcal
171 g Kohlenhydrate
71 g Fett
79 g Eiweiß

1 Trennen Sie zunächst die Eier für die Soße. Verrühren Sie die Speisestärke mit dem Zucker sowie den Eigelben. Geben Sie die Vanilleschote mit der Milch in einen Topf, erwärmen Sie die Menge und nehmen Sie sie dann vom Herd. Geben Sie die Eier-Mischung dazu und kochen Sie alles zusammen bei schwacher Hitze zu einer Soße ein. Stellen Sie die Soße kalt.

2 Schlagen Sie das Eiweiß steif und geben Sie es löffelweise in einen Topf mit heißem Wasser. Das Wasser sollte nicht kochen. Schöpfen Sie die entstandenen Schnee-Nocken mit einem Sieb ab und geben Sie sie in eine Schüssel. Geben Sie die Soße über die Nocken und stellen Sie die Menge für mindestens 2 Stunden kalt.

GULAŠ OD POVRĆA

VEGETARISCHER GEMÜSETOPF

4 Port. 45 Min. Leicht

Zutaten

2 Eier
5 g frischer Thymian
Je 10 g frische Petersilie und Dill
500 ml Gemüsebrühe
3 EL Olivenöl
1 Peperoni
2 Knoblauchzehen
6 Strauchtomaten
1 grüne Paprika
2 gelbe Paprika
1 rote Paprika
1 gelbe Zwiebel

Nährwerte p. P.

209 kcal
28 g Kohlenhydrate
8 g Fett
8 g Eiweiß

1 Schälen und würfeln Sie zunächst die Zwiebel. Waschen Sie die Paprika, entfernen Sie Strunk und Kerne und schneiden Sie sie in Streifen. Waschen und würfeln Sie die Tomaten. Schälen und hacken Sie den Knoblauch. Waschen Sie die Peperoni.

2 Erhitzen Sie das Öl bei mittlerer Hitze in einem Topf. Braten Sie die Peperoni darin für 2 Minuten an und nehmen Sie sie wieder heraus. Geben Sie nun Paprika und Zwiebeln in das Öl und braten Sie beides für 5 Minuten. Geben Sie dann den Knoblauch und die Tomaten dazu und braten Sie alles zusammen für weitere 3 Minuten. Löschen Sie mit der Gemüsebrühe ab und lassen Sie die Menge für 20 Minuten köcheln.

3 Waschen Sie währenddessen die Kräuter, schütteln Sie sie trocken und zupfen Sie die Blätter von den Stielen. Hacken Sie die Blätter klein. Verquirlen Sie die Eier in einer Schüssel. Geben Sie die Kräuter in den Topf und rühren Sie die Eimenge hinein. Lassen Sie das Ei stocken. Schmecken Sie zuletzt mit Pfeffer und Salz ab.

4 Je nachdem, wie viel Schärfe Sie Ihrem Gemüsetopf geben möchten, können Sie die Peperoni auch im Topf lassen.

PALAČINKA

PALATSCHINKEN

2 Port. | 25 Min. | Leicht

Zutaten

1 Prise Salz
5 EL Olivenöl
220 ml Milch
120 g Mehl
3 mittelgroße Eier

Nährwerte p. P.

541 kcal
49 g Kohlenhydrate
30 g Fett
19 g Eiweiß

1 Verrühren Sie zunächst alle Zutaten zu einem glatten Teig und backen Sie die Palatschinken in einer Pfanne mit etwas Öl nach und nach aus. Geben Sie sie zum Abtropfen auf ein Küchenpapier.

2 Traditionell können die Palatschinken mit süßen Aufstrichen wie Marmelade oder Mus, aber auch mit deftigen Dips, Schinken oder Käse serviert werden.

GRICKALICE OD TIKVICA I BROKULE

BROKKOLI-ROLLEN & ZUCCHINI-CHIPS

 4 Port.  40 Min.  Leicht

Zutaten

Pfeffer und Salz
4 EL mediterrane Kräuter
2 El Ajvar (Paprikapaste)
400 g Sauerrahm
30 g Sesam
2 Eier
250 g Dinkelvollkornmehl
500 g Brokkoli-Reis
50 g Dinkelmehl
100 g Vollkorn-Semmelbrösel
50 g Parmesan
400 g gefrorene Zucchini
Etwas Öl

Nährwerte p. P.

397 kcal
36 g Kohlenhydrate
13 g Fett
31 g Eiweiß

1 Lassen Sie zunächst die Zucchini auftauen. Heizen Sie den Backofen auf 220 °C Umluft vor. Legen Sie ein Backblech sowie einen Rost mit Backpapier aus.

2 Tupfen Sie die Zucchini-Scheiben trocken. Reiben Sie den Parmesan und vermischen Sie diesen mit Pfeffer, Salz, Sesam und Semmelbröseln. Geben Sie die Menge in einen tiefen Teller, verquirlen Sie 1 Ei in einem weiteren Teller und geben Sie auch das Dinkelmehl auf einen Teller. Wenden Sie die Zucchini-Scheiben nun nach und nach in Mehl, Ei und Semmelbrösel-Mischung und legen Sie sie auf den Rost. Backen Sie die Zucchini-Chips für 20 Minuten.

3 Braten Sie den Brokkoli-Reis in einer Pfanne in etwas Öl an. Wenden Sie, bis das Wasser verdampft ist. Lassen Sie die Menge dann abkühlen. Vermischen Sie den Reis nun mit Pfeffer, Salz, Ei und Dinkelvollkornmehl zu einer gleichmäßigen Menge. Reduzieren Sie die Hitze des Ofens auf 200 °C Ober-/Unterhitze.

4 Bemehlen Sie eine Arbeitsfläche und formen Sie kleine Röllchen aus dem Reis darauf. Geben Sie die Röllchen auf das Backblech und backen Sie die Röllchen für 25 Minuten.

5 Für den Dip verrühren Sie die Kräuter mit Ajvar und Sauerrahm und schmecken mit Pfeffer und Salz ab.

SATARASCH

WÜRZIGER GEMÜSETOPF

4 Port.

1 Std.

Leicht

Zutaten

1 Prise Vegeta (kroatisches Kräutergewürz)
6 große Tomaten
1 Schuss Olivenöl
1 frische Chilischote
4 frische Paprika
3 Knoblauchzehen
1 Prise gemahlener Pfeffer
1 Prise Salz
4 frische Eier
2 Zwiebeln

Nährwerte p. P.

80 kcal
10 g Kohlenhydrate
5 g Fett
2 g Eiweiß

1 Schälen und hacken Sie zuerst die Zwiebeln. Halbieren Sie die Paprika, entfernen Sie Kerne und Trennwände und schneiden Sie die Paprika dann in Würfel. Waschen und würfeln Sie auch die Tomaten.

2 Erhitzen Sie das Öl in einem Topf und braten Sie die Chilischote für 4 Minuten darin an. Geben Sie die Zwiebeln dazu und dünsten Sie diese glasig an. Fügen Sie die Paprika hinzu und lassen Sie alles für 10 Minuten leicht köcheln.

3 Entfernen Sie die Chilischote, schälen Sie den Knoblauch und pressen Sie ihn in den Topf. Geben Sie die Tomaten dazu. Würzen Sie jetzt mit Vegeta, Pfeffer und Salz. Lassen Sie die Menge für weitere 25 Minuten köcheln. Ist die Flüssigkeit verdampft, rühren Sie die Eier in die Menge hinein.

Vegane Gerichte

SRDAČNA ŠTRUDLA

DEFTIGER STRUDEL MIT KARTOFFELN

6 Port.

2 Std.
10 Min.

Leicht

Zutaten

Für den Strudel:
½ TL Salz
185 ml lauwarmes Wasser
2 EL Pflanzenöl
300 g Weizenmehl

Für die Füllung:
Öl zum Bestreichen
Pfeffer und Salz
½ TL Vegeta (kroatische Gewürzmischung)
1 Knoblauchzehe
1 Zwiebel
5 mittelgroße Kartoffeln

Nährwerte p. P.

432 kcal
34 g Kohlenhydrate
29 g Fett
7 g Eiweiß

1 Verkneten Sie alle Zutaten für den Teig zu einer glatten Masse. Teilen Sie den Teig in 2 Stücke auf und formen Sie diese zu Kugeln. Bereiten Sie 2 Backbleche mit Backpapier vor.

2 Stellen Sie 2 Schüsseln bereit und geben Sie in jede Schüssel 1 Schuss Öl hinein. Wälzen Sie die Kugeln darin und lassen Sie die Kugeln für einige Zeit darin liegen. Decken Sie die Schüsseln mit Frischhaltefolie ab und lassen Sie die Kugeln für 2 Stunden bei Zimmertemperatur gehen.

3 Anschließend drücken Sie beide Kugeln etwas platt und legen beide Teigstücke auf das Backblech. Lassen Sie die Teigstücke bei 30 °C Heißluft für 20 Minuten warm werden.

4 Reiben Sie währenddessen die Kartoffeln und legen Sie sie in kaltem Wasser ein. Heizen Sie dann den Backofen auf 230 °C Ober-/Unterhitze vor.

5 Bestreuen Sie nun ein Baumwolltuch mit Mehl und legen Sie es mit der Mehlseite auf Ihre Teigstücke (nacheinander). Nun rollen Sie die Teigstücke so aus, dass sie zu zweit ein Backblech ausfüllen.

6 Beträufeln Sie die Teigstücke mit etwas Öl und passieren Sie die Kartoffeln durch ein Sieb. Schälen und würfeln Sie die Zwiebel und den Knoblauch. Vermischen Sie dann die Kartoffelmenge mit den übrigen Zutaten und verteilen Sie die Mischung auf Ihrem Teig. Rollen Sie Ihre Teigstücke nun zu zwei Strudeln auf.

7 Backen Sie die Strudel nun für 15 Minuten im vorgeheizten Backofen. 10 Minuten vor Ende der Garzeit geben Sie etwa 50 ml Wasser über jeden Strudel. Zuletzt lassen Sie die fertigen Strudel für 15 Minuten ruhen.

LIB EL KOUSA

KNOBLAUCH-ZUCCHINI-DIP MIT BAGUETTE

4 Port.

1 Std.

Leicht

Zutaten

1 EL Zitronensaft
10 g Minze
15 g Petersilie
½ TL Kreuzkümmel
5 Knoblauchzehen
2 TL Salz
6 EL Olivenöl
750 g Zucchini
1 Zwiebel
2 Baguettes

Nährwerte p. P.

217 kcal
7 g Kohlenhydrate
20 g Fett
3 g Eiweiß

1 Schälen Sie die Zwiebel und schneiden Sie Zwiebel und Zucchini in Würfel. Erhitzen Sie 4 EL Öl in einer Pfanne. Würzen Sie das Gemüse mit Salz und schmoren Sie es für 20 Minuten in der abgedeckten Pfanne. Zerdrücken Sie das Gemüse dann mit einer Gabel und rühren Sie zwischendurch um.

2 Geben Sie ½ TL Salz sowie den geschälten Knoblauch in einen Mörser und zerstoßen Sie beides. Stellen Sie beides zur Seite. Geben Sie den Kreuzkümmel und den Knoblauch zum garen Gemüse und braten Sie alles für weitere 7 Minuten, bis das Wasser verdampft ist.

3 Anschließend zerstampfen Sie das Gemüse und lassen es etwas abkühlen. Hacken Sie die Kräuter und mischen Sie sie unter das Gemüse. Schmecken Sie dann mit Zitronensaft und Salz ab. Toppen Sie mit dem übrigen Olivenöl.

4 Backen Sie Ihr Baguette auf und servieren Sie das warme Baguette mit dem Dip.

KOLAČI OD POVRĆA

GEMÜSEFRIKADELLEN

4 Port.

50 Min.

Leicht

Zutaten

2 EL Pflanzenöl
5 EL Paniermehl
½ TL Zucker
½ TL Salz
4 EL Grieß
1 EL Schmand
1 Banane
700 g Karotten

Nährwerte p. P.

131 kcal
14 g Kohlenhydrate
6 g Fett
1 g Eiweiß

1 Schälen Sie zunächst die Karotten und kochen Sie sie in Wasser in einem Topf weich. Nehmen Sie die Karotten vom Herd und lassen Sie sie abkühlen. Pürieren Sie die Karotten dann. Schälen Sie die Banane und zerdrücken Sie sie mit einer Gabel.

2 Vermischen Sie das Püree mit Zucker, Salz, Grieß, Schmand und Banane und lassen Sie die Masse für 20 Minuten stehen. Formen Sie dann kleine Frikadellen aus der Masse.

3 Erhitzen Sie das Öl in einer Pfanne. Wenden Sie die Frikadellen in dem Paniermehl und braten Sie sie im heißen Öl von beiden Seiten durch.

SOPARNIK
KUCHEN MIT MANGOLD

8 Port. 50 Min. Leicht

Zutaten

Für den Teig:
Warmes Wasser
1 TL Weinessig
1 Prise Salz
800 g Mehl

Für die Füllung:
Etwas Petersilie
Salz
100 ml Olivenöl
3 Zwiebeln
3 kg Mangold

Zudem:
4 Knoblauchzehen
100 ml Olivenöl

Nährwerte p. P.

310 kcal
22 g Kohlenhydrate
44 g Fett
18 g Eiweiß

1 Geben Sie die Zutaten für den Teig zusammen und verkneten Sie sie zu einer kompakten Masse. Lassen Sie den Teig für 2 Stunden ruhen.

2 Teilen Sie den Teig in 2 Stücke und rollen Sie ein Stück auf einer bemehlten Arbeitsfläche rund aus. Decken Sie das andere Stück währenddessen ab.

3 Schneiden Sie den Mangold in Streifen und entfernen Sie die harten Teile. Schälen Sie die Zwiebeln und schneiden Sie sie klein. Verrühren Sie Mangold, Zwiebeln, Salz und Olivenöl gründlich miteinander und rühren Sie dann die gewaschene und gezupfte Petersilie hinein. Verteilen Sie die Menge auf dem runden Teig.

4 Rollen Sie nun den zweiten Teig etwa gleich groß aus und legen Sie ihn darauf. Drücken Sie den Teig am Rand fest an. Streuen Sie dann etwas Mehl darauf und drehen Sie den Kuchen mit Hilfe eines Bretts um. Geben Sie den Kuchen in einen Steinofen und bedecken Sie ihn mit etwas Asche und Glut.

VEGANSKI KELJ

VEGANER GRÜNKOHL

12 Port.

2 Std.
40 Min.

Leicht

Zutaten

8 EL Olivenöl
Chiliflocken, Salz und Pfeffer
4 TL Vegeta
5 fein gehackte Knoblauchzehen
3 fein gehackte Zwiebeln
1 ½ kg frischer Grünkohl ohne Stiele

Nährwerte p. P.

116 kcal
11 g Kohlenhydrate
5 g Fett
5 g Eiweiß

1 Waschen Sie den Grünkohl und entfernen Sie die harten Rispen. Füllen Sie einen großen Topf mit ausreichend Salzwasser und bringen Sie das Wasser zum Kochen. Blanchieren Sie den Kohl für etwa 3 Minuten darin. Entnehmen Sie den Kohl mit einer Kelle und schrecken Sie ihn kalt ab. Stellen Sie das Kochwasser zunächst zur Seite.

2 Drücken Sie den Kohl aus und hacken Sie ihn klein. Erhitzen Sie das Öl in einem Topf und schwitzen Sie Zwiebeln und Knoblauch darin an. Geben Sie den Grünkohl dazu und gießen Sie mit etwa 600 ml Kochwasser an. Fügen Sie die Gewürze hinzu und lassen Sie die Menge für 2 Minuten bei schwacher Hitze köcheln. Legen Sie dafür einen Deckel auf.

HRVATSKE TIKVICE

KROATISCHE ZUCCHINI MIT KNOBLAUCH

4 Port.

40 Min.

Leicht

Zutaten

5 EL Mehl + Schuss Wasser
½ Würfel Gemüsebrühe
250 ml Wasser
3 fein geschnittene Knoblauchzehen
1 Prise Kümmel
Etwas Salz
1 Schuss Essig
3 EL edelsüßes Paprikapulver
5 EL Pflanzenöl
1 klein geschnittene Zwiebel
1 große Zucchini

Nährwerte p. P.

137 kcal
5 g Kohlenhydrate
1 g Fett
5 g Eiweiß

1 Entfernen Sie die harte Schale sowie die Kerne der Zucchini. Schneiden Sie die Zucchini dann in Würfel.

2 Erhitzen Sie das Öl in einem Topf und geben Sie die klein geschnittene Zwiebel hinein. Rösten Sie die Zwiebel an und geben Sie das Paprikapulver dazu. Verrühren Sie die Mischung.

3 Löschen Sie mit einem Schuss Essig ab, verrühren Sie die Menge erneut und geben Sie dann die Zucchiniwürfel hinein. Braten Sie die Menge an und fügen Sie anschließend das Wasser hinzu. Würzen Sie mit dem Kümmel.

4 Lassen Sie die Menge für 20 Minuten leicht köcheln, würzen Sie daraufhin mit dem geschnittenen Knoblauch sowie dem Salz. Geben Sie jetzt auch den halben Brühwürfel dazu. Verquirlen Sie das Mehl in einem Schuss Wasser und geben Sie es mit in den Topf. Lassen Sie die Sauce etwas eindicken.

Soßen, Dips & Aufstriche

UMOČITE S ČILI UMAKOM

CHILI-DIP

2 Port.

15 Min.

Leicht

Zutaten

1 TL Zitronensaft
2 TL Chilisoße
1 Zwiebel
3 EL Ajvar

Nährwerte p. P.

292 kcal
18 g Kohlenhydrate
20 g Fett
8 g Eiweiß

1 Schälen und würfeln Sie zunächst die Zwiebel. Vermischen Sie dann die Zwiebel mit dem Ajvar, der Chilisoße sowie dem Zitronensaft in einer kleinen Schale.

2 Stellen Sie Ihren Dip vor dem Servieren für einige Zeit kalt.

UMAK OD PAPRIKE

PAPRIKA-DIP MIT KNOBLAUCH

4 Port.

15 Min.

Leicht

Zutaten

Olivenöl
Pfeffer und Salz
1 Becher Schmand
2 Knoblauchzehen
Je 1 gelbe und rote Paprikaschote

Nährwerte p. P.

213 kcal
4 g Kohlenhydrate
21 g Fett
2 g Eiweiß

1 Waschen Sie zunächst die Paprika, entfernen Sie Stiele und Kerne und schneiden Sie die Paprika dann in sehr kleine Würfel. Schälen und würfeln Sie auch den Knoblauch.

2 Erhitzen Sie jetzt das Öl in einer Pfanne und schwitzen Sie Paprika und Knoblauch für 10 Minuten darin an. Rühren Sie dann den Schmand unter und würzen Sie die Menge mit Pfeffer und Salz.

3 Lassen Sie alles zusammen für 3 Minuten köcheln. Füllen Sie Ihren Dip dann in ein kleines Schälchen um und genießen Sie den Dip warm oder kalt.

UMAK OD HLADNOG MESA

DIP „KALTE FLEISCHSOẞE"

 1 Port.

 5 Min.

 Leicht

Zutaten

½ TL Zitronensaft
1 gewürfelte Zwiebel
1 TL Sambal Oelek (Chilisoße)
6 TL Ajvar (Paprikapaste)

Nährwerte p. P.

79 kcal
33 g Kohlenhydrate
4 g Fett
1 g Eiweiß

1 Ein wunderbar, schnell zubereiteter Dip. Schälen und würfeln Sie die Zwiebel und vermischen Sie die Zutaten dann in einer kleinen Schale.

2 Vor dem Servieren können Sie den Dip für einige Minuten im Kühlschrank kaltstellen.

AJVAR

BALKAN-DIP

2 Port.

5 Min.

Leicht

Zutaten

Etwas Chili
Pfeffer und Salz
1 TL Essig
50 ml Pflanzenöl
3 Knoblauchzehen
2 Auberginen
7 rote Spitzpaprika

Nährwerte p. P.

85 kcal
11 g Kohlenhydrate
6 g Fett
2 g Eiweiß

1 Backen Sie zunächst die Paprika und die Auberginen bei 220 °C Ober-/Unterhitze im Backofen. Nehmen Sie die Paprika nach 30 Minuten, die Auberginen nach 45 Minuten heraus. Legen Sie die Paprika für 20 Minuten in einen Gefrierbeutel.

2 Ziehen Sie anschließend die Haut ab und entfernen Sie die Kerne. Ziehen Sie auch die Haut der Auberginen ab. Pressen Sie die Knoblauchzehen aus. Geben Sie das Gemüse in ein Sieb und lassen Sie es gut abtropfen.

3 Nun pürieren Sie das Gemüse und schmecken es mit Pfeffer, Salz und Chili ab. Geben Sie die übrigen Zutaten dazu und vermischen Sie die Menge gründlich.

PIKANTNI UMAK OD LUKA

SCHARFE ZWIEBELSOẞE

2 Port.

40 Min.

Leicht

Zutaten

Salz und Chilipulver
Etwas Zitronensaft
1 TL rote Chiliflocken
1 EL Grillgewürz
1 EL edelsüßes Paprikapulver
2 EL Tomatenketchup
2 gewürfelte Zwiebeln

Nährwerte p. P.

517 kcal
12 g Kohlenhydrate
6 g Fett
4 g Eiweiß

1 Bereiten Sie die Zutaten zunächst vor. Schälen und würfeln Sie die Zwiebeln, pressen Sie den Zitronensaft aus und vermischen Sie dann alle Zutaten gründlich miteinander.

2 Würzen Sie nach persönlichem Geschmack. Wer möchte, kann die Zwiebeln auch kurz in einer Pfanne in Öl anschwitzen. Lassen Sie die Soße dann für mindestens 30 Minuten reifen.

3 Serviert wird die scharfe Zwiebelsoße zu köstlichem Djuvec-Reis.

KREMA OD PAPRIKE

CREMIGE PAPRIKASOẞE

4 Port.

25 Min.

Leicht

Zutaten

Frisch gemahlener Pfeffer
Etwas Salz
Olivenöl
Balsamico
6 Knoblauchzehen
2 Auberginen
500 g rote Paprikaschoten

Nährwerte p. P.

198 kcal
13 g Kohlenhydrate
14 g Fett
5 g Eiweiß

1 Waschen Sie die Paprika, entfernen Sie Strunk und Kerne und schneiden Sie die Paprika in Streifen. Gehen Sie mit den Auberginen genauso vor. Pürieren Sie beides. Schälen Sie den Knoblauch und pressen Sie ihn aus.

2 Vermischen Sie den Knoblauch mit dem pürierten Gemüse. Geben Sie alles in einen Topf und lassen Sie das Püree für 5 Minuten köcheln. Geben Sie dann etwas Essig und Öl dazu und schmecken Sie mit Pfeffer und Salz ab.

3 Sie können die Sauce sowohl warm als auch kalt servieren.

UMAK OD VRUĆE RAJČICE

SCHARFE SOßE MIT TOMATEN UND KRÄUTERN

4 Port.

30 Min.

Leicht

Zutaten

250 g Tomaten
1 Chilischote
150 g rote Paprika
2 Knoblauchzehen
80 g Zwiebeln
1 TL Basilikum
1 TL Petersilie
1 TL Oregano
1 Msp. Kreuzkümmel
Pfeffer und Salz
2 EL kalt gepresstes Olivenöl

Nährwerte p. P.

101 kcal
5 g Kohlenhydrate
8 g Fett
2 g Eiweiß

1 Schälen und würfeln Sie zunächst die Zwiebeln und den Knoblauch. Entfernen Sie Strunk, Kerne und weiße Trennwände der Paprika sowie der Chili und würfeln Sie sie ebenfalls.

2 Blanchieren Sie die Tomaten, schrecken Sie sie ab und häuten Sie sie. Schneiden Sie die Tomaten dann in Viertel. Passieren Sie Samen und Stielansätze der Tomaten durch ein Sieb und fangen Sie den Saft auf.

3 Erhitzen Sie das Öl in einer Pfanne und schwitzen Sie Knoblauch und Zwiebeln darin an. Geben Sie dann Tomaten, Chili, Kreuzkümmel und Paprika dazu, schwitzen Sie die Menge weiterhin an und gießen Sie dann mit dem Tomatensaft an. Schmecken Sie mit Pfeffer und Salz ab und lassen Sie die Menge für 10 Minuten leicht köcheln.

4 Mischen Sie jetzt die Kräuter in die Soße und richten Sie Ihre Soße an.

UMAK OD ČEŠNJAKA

PETERSILIE-KNOBLAUCHSAUCE

4 Port.

15 Min.

Leicht

Zutaten

Etwas Salz
2 EL frische, gehackte Petersilie
2 Knoblauchzehen
100 ml Olivenöl

Nährwerte p. P.

43 kcal
1 g Kohlenhydrate
3 g Fett
3 g Eiweiß

1 Schälen und würfeln Sie zunächst den Knoblauch, waschen und hacken Sie die Petersilie. Geben Sie dann beides mit den übrigen Zutaten in eine Schüssel und verrühren Sie die Menge gründlich.

2 Die Knoblauchsoße wird traditionell sehr gerne zu Fischgerichten serviert.

ŠIRENJE INĆUNA

SARDELLEN-AUFSTRICH MIT TOMATEN

4 Port.

20 Min.

Leicht

Zutaten

Pfeffer und Salz
1 EL Thymian
10 Oliven
3 Sardellenfilets
1 Zwiebel
2 Tomaten
5 EL Buttermilch
1 Pck. Quark

Nährwerte p. P.

139 kcal
8 g Kohlenhydrate
4 g Fett
17 g Eiweiß

1 Verrühren Sie zunächst den Quark mit der Buttermilch. Häuten Sie die Tomaten, entkernen und würfeln Sie diese. Schälen und würfeln Sie auch die Zwiebel.

2 Waschen Sie den Fisch und die Oliven und schneiden Sie beides klein. Rühren Sie beides unter die Quark-Mischung und würzen Sie mit Thymian, Salz und Pfeffer.

Fingerfood & Snacks

DOMACI SLANCI

SALZSTANGEN

4 Port.

1,5 Std.

Leicht

Zutaten

Für den Teig:
1 EL Essig
100 ml Joghurt
80 ml Öl
300 ml lauwarme Milch
5 g Zucker
10 g Salz
10 g Trockenhefe
650 g Mehl

Für das Salz:
1 Msp. Backpulver
5 g Salz
3 EL Wasser
15 g Mehl

Nährwerte p. P.

262 kcal
33 g Kohlenhydrate
10 g Fett
10 g Eiweiß

1 Für den Teig geben Sie zunächst das Mehl, den Zucker, das Salz und die Hefe zusammen und vermischen die Menge in einer Schüssel. Fügen Sie dann Essig, Joghurt, Milch und Öl dazu und verrühren Sie alles erneut.

2 Kneten Sie dann alles zu einem klebrigen Teig. Lassen Sie den Teig an einem warmen Ort für 45 Minuten gehen. Kneten Sie den Teig anschließend erneut durch und teilen Sie ihn in 10 etwa gleich große Stücke. Formen Sie die Stücke zu Kugeln.

3 Rollen Sie die Kugeln am besten mit den Händen zu langen Rollen aus. Legen Sie die Stangen auf ein Backblech mit Backpapier. Lassen Sie die Stangen für weitere 20 Minuten ruhen und heizen Sie den Backofen auf 250 °C Umluft vor. Backen Sie die Stangen dann für 10 Minuten darin.

4 Vermischen Sie nun die Zutaten für das Salz. Nehmen Sie die fertigen Stangen aus dem Ofen und übergießen Sie sie mit der Salz-Mischung. Geben Sie die Stangen für 3 weitere Minuten in den Ofen.

PREDJELA OD RAKOVA

KLEINE KRABBEN-HAPPEN

4 Port. | 20 Min. | Leicht

Zutaten

Für den Teig:
4 Zweige Petersilie
15 schwarze, entsteinte Oliven
15 Scheiben Baguette
2 EL Mayonnaise
4 Zweige Dill
1 Knoblauchzehe
150 g Krabbenstäbchen
150 g Feta
2 Eier

Nährwerte p. P.

210 kcal
17 g Kohlenhydrate
3 g Fett
21 g Eiweiß

1 Kochen Sie die Eier in einem Topf mit Wasser hart. Nehmen Sie sie vom Herd und lassen Sie sie abkühlen. Schälen und reiben Sie die Eier. Zerdrücken Sie den Feta mit einer Gabel. Reiben Sie auch den geschälten Knoblauch sowie zwei Drittel der Krabbenstäbchen klein. Waschen und hacken Sie den Dill.

2 Vermischen Sie die Mayonnaise mit Dill, Knoblauch, Krabbenstäbchen, Feta und Eiern. Rösten Sie die Baguette-Scheiben in einer Pfanne ohne Öl von beiden Seiten an.

3 Schneiden Sie die restlichen Krabbenstäbchen in Stücke. Streichen Sie den Aufstrich auf die Baguette-Scheiben und garnieren Sie sie mit den übrigen Krabbenstäbchen, der gewaschenen und gezupften Petersilie sowie den Oliven.

OBLATNE

KROATISCHES KNUSPERGEBÄC

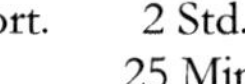

5 Port. | 2 Std. 25 Min. | Leicht

Zutaten

Für den Teig:

300 g Platten-Waffeln
300 g gemahlene Haselnüsse
1 EL Backkakao
250 g Butter
100 g Zartbitterschokolade
250 ml Milch
200 g Zucker

Nährwerte p. P.

346 kcal
71 g Kohlenhydrate
1 g Fett
9 g Eiweiß

1 Geben Sie zuerst die Milch mit dem Zucker in einen Topf und kochen Sie die Mischung auf. Hacken Sie die Schokolade und geben Sie diese sowie das Kakaopulver und die Butter nach und nach in die kochende Menge. Rühren Sie gut durch.

2 Lassen Sie die Menge bei mittlerer Hitze köcheln, bis die Schokolade vollständig geschmolzen ist. Rühren Sie durchgehend. Schalten Sie den Herd aus und rühren Sie die Haselnüsse in die Creme. Stellen Sie die Creme zur Seite.

3 Legen Sie nun die erste Waffel bereit und bestreichen Sie diese mit der Creme. Legen Sie eine weitere Waffel darauf und bestreichen Sie auch diese mit der Creme. Wiederholen Sie den Vorgang, bis die Waffeln aufgebraucht sind, und schließen Sie mit einer Waffel ab.

4 Decken Sie die Waffeln mit Alufolie ab und beschweren Sie sie, bis sich die Creme gefestigt hat (etwa 1 Stunde). Schneiden Sie mit einem scharfen Messer Ihre Oblatne daraus.

PUHAČI OD LISNATOG TIJESTA

BLÄTTERTEIG-HÄPPCHEN

6 Port.

40 Min.

Leicht

Zutaten

Gemischte Kräuter nach Bedarf
Salz und Pfeffer
1 Ei
100 g geriebener Gouda
4 EL Crème fraîche
50 g Salami
100 g gekochter Schinken
1 Schalotte
1 Rolle Blätterteig

Nährwerte p. P.

173 kcal
19 g Kohlenhydrate
10 g Fett
2 g Eiweiß

1 Rollen Sie zunächst den Blätterteig aus, damit er Raumtemperatur annimmt. Heizen Sie den Backofen auf 220 °C Ober- /Unterhitze vor.

2 Schälen und würfeln Sie die Schalotte. Schneiden Sie Salami und Schinken in kleine Stücke. Trennen Sie das Ei.

3 Vermischen Sie das Eiweiß mit dem Gouda, der Crème fraîche, der Salami, dem Schinken und der Schalotte. Würzen Sie mit den Kräutern, Pfeffer und Salz. Verteilen Sie die Menge gleichmäßig auf dem Blätterteig.

4 Schneiden Sie den Teig in der Mitte durch und rollen Sie beide Hälften auf. Bestreichen Sie die Rollen mit dem Eigelb und schneiden Sie sie dann in Scheiben. Geben Sie die Scheiben auf ein Backblech mit Backpapier und backen Sie sie für etwa 15 Minuten.

CEVAPCICI-SANDWICH

6 Port.

1,5 Std.

Leicht

Zutaten

Das Grundrezept:
1 TL Backpulver
1 Prise Pfeffer
17 g Salz
300 g Lammfleisch
700 g Rindfleisch
100 g Wasser
2 Knoblauchzehen

Für die Soße:
Etwas Salz
200 g Frischkäse
150 g Feta
250 g Sauerrahm

Für die Sandwiches:
Grüner Salat in Streifen
Gewürfelte rote Zwiebeln
Ajvar
Etwas Rindersuppe
6 Fladenbrote

Nährwerte p. P.

335 kcal
25 g Kohlenhydrate
13 g Fett
12 g Eiweiß

1 Pressen Sie den Knoblauch aus und geben Sie ihn mit dem Wasser in einen Topf. Kochen Sie die Menge auf und füllen Sie die Menge in eine Schüssel um.

2 Vermischen Sie das Knoblauch-Wasser mit Pfeffer, Salz und Fleisch und verkneten Sie die Menge. Geben Sie die Menge für 1 Stunde in den Kühlschrank. Kneten Sie das Backpulver in die Menge, formen Sie dann die Cevapcici daraus und lassen Sie diese erneut im Kühlschrank ziehen.

3 Geben Sie die Zutaten für die Soße in eine Schüssel und mixen Sie sie cremig. Schmecken Sie nochmals mit Salz ab.

4 Schneiden Sie die Fladenbrote auf und beträufeln Sie sie mit der Brühe. Rösten Sie sie dann in einer Pfanne ohne Öl. Belegen Sie die Brote mit Salat, den roten Zwiebeln, Ajvar und Cevapcici und geben Sie dann die Sauerrahm-Füllung hinein.

Desserts

KROSTULE

KROATISCHE KRAPFEN

4 Port. | 1 Std. 40 Min. | Leicht

Zutaten

50 g Puderzucker
50 g Streuzucker
1 l Öl
1 TL Backpulver
100 g saure Sahne
1 TL Vanillezucker
1 TL dunkler Rum
1 Prise Salz
2 EL Öl
130 g Zucker
2 Eier
500 g Mehl

Nährwerte p. P.

136 kcal
33 g Kohlenhydrate
1 g Fett
6 g Eiweiß

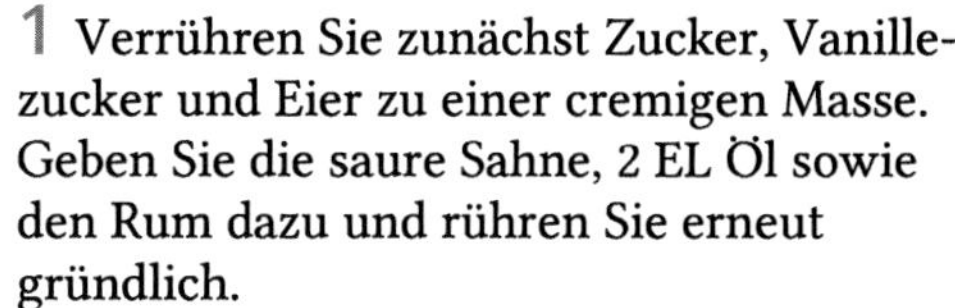

1 Verrühren Sie zunächst Zucker, Vanillezucker und Eier zu einer cremigen Masse. Geben Sie die saure Sahne, 2 EL Öl sowie den Rum dazu und rühren Sie erneut gründlich.

2 Vermischen Sie das Salz, das Backpulver und das Mehl in einer weiteren Schüssel. Geben Sie die Mehlmischung nun nach und nach zur Eiermischung und rühren Sie durchgehend dabei. Jetzt sollte ein klebriger Teig entstehen. Kneten Sie den Teig so lange, bis er sich weich und glatt anfühlt. Decken Sie den Teig anschließend ab und lassen Sie ihn 1 Stunde lang ruhen.

3 Anschließend rollen Sie den Teig sehr dünn aus, etwa 2 mm dick. Dann schneiden Sie ihn in etwa 8 x 4 cm große Rechtecke. In die Mitte jedes Rechtecks schneiden Sie einen Schlitz. Ziehen Sie nun ein Ende jedes Rechtecks durch den Schlitz und ziehen Sie beide Enden etwas auseinander. Decken Sie die Rechtecke anschließend ab und lassen Sie sie weitere 15 Minuten ruhen.

4 Erhitzen Sie jetzt das Öl in einer Pfanne und geben Sie den vorbereiteten Teig hinein. Frittieren Sie die Krostule nun von beiden Seiten goldbraun und lassen Sie sie anschließend auf einem Küchenpapier abtropfen. Bestreuen Sie die Krostule mit Puderzucker und Streuzucker (am besten vorher mischen).

POLENTA THALER

MAIS-TALER

4 Port.

1 Std.

Leicht

Zutaten

Etwas Olivenöl
Pfeffer und Salz
125 g Maisgrieß
500 ml Gemüsebrühe
1 Knoblauchzehe

Nährwerte p. P.

76 kcal
6 g Kohlenhydrate
5 g Fett
1 g Eiweiß

1 Schälen Sie zunächst den Knoblauch und geben Sie Knoblauch, Salz und Brühe in einen Topf. Kochen Sie die Menge auf. Rühren Sie den Maisgrieß in die kochende Brühe hinein. Nehmen Sie etwas Hitze weg und garen Sie die Polenta für 40 Minuten. Rühren Sie währenddessen häufig um.

2 Bestreichen Sie eine Auflaufform mit Öl. Würzen Sie die Polenta erneut mit Pfeffer und Salz und geben Sie sie in die Auflaufform. Streichen Sie die Polenta gleichmäßig hinein.

3 Sobald die Polenta kalt ist, stürzen Sie sie auf eine Arbeitsfläche und schneiden beliebige Formen daraus. Pinseln Sie jedes Stück mit etwas Öl ein und braten Sie die Stücke beidseitig für etwa je 5 Minuten in einer beschichteten Pfanne.

GIBANICA

BLÄTTERTEIG-TORTE

15 Port.

2,5 Std.

Schwer

Zutaten

Für die Nuss-Füllung:
1 EL Rum
1 Pck. Vanillezucker
100 g Zucker
300 g Walnüsse

Für die Quark-Füllung:
1 Ei
100 g Zucker
400 g Quark

Für die Sauerrahm-Füllung:
2 EL Grieß
3 Eier
5 EL Zucker
700 ml saure Sahne

Zudem:
200 g flüssige Butter

Für den Teig:
Etwas Salz
200 ml Wasser
200 ml Öl
320 g Mehl

Nährwerte p. P.

808 kcal
51 g Kohlenhydrate
60 g Fett
15 g Eiweiß

1 Sieben Sie das Mehl in eine Schüssel und drücken Sie eine Mulde hinein. Gießen Sie das Öl sowie das Wasser dazu und salzen Sie die Menge leicht. Verrühren Sie die Menge und kneten Sie sie für 10 Minuten zu einem Teig. Formen Sie dann 4 Kugeln aus dem Teig, mehlen Sie die Kugeln leicht ein und bestreichen Sie sie mit Öl. Lassen Sie die Kugeln abgedeckt für 30 Minuten gehen.

2 Bereiten Sie nun die Füllungen vor. Vermischen Sie hierfür alle Zutaten pro Füllung miteinander. Legen Sie die fertigen Kugeln auf ein Leinentuch und rollen Sie sie mit einem Nudelholz leicht aus. Ziehen Sie die Kugeln dann auf die doppelte Größe auseinander. Die Kugeln sollten nun zweimal so groß wie eine Springform sein. Bestreichen Sie jetzt eine Springform mit Butter.

3 Geben Sie jetzt einen Teig in die Form, beträufeln Sie ihn mit etwas Butter und klappen Sie den Rest des Teiges darüber. Geben Sie dann eine Schicht Quark-Füllung darauf. Geben Sie den nächsten Teig darauf, beträufeln Sie ihn mit Butter, klappen Sie ihn zusammen und geben Sie die Nuss-Füllung darauf.

4 Geben Sie den nächsten Teig darauf und beträufeln Sie ihn mit der Butter, klappen Sie den Teig zusammen und geben Sie die Sauerrahm-Füllung darauf. Legen Sie nun den letzten Teig darauf, beträufeln Sie ihn mit Butter, klappen Sie ihn zusammen und beträufeln Sie ihn auch von oben mit Butter.

5 Backen Sie den Teig nun für 1 Stunde bei 180 °C Ober-/Unterhitze im vorgeheizten Backofen.

FRITULE OD GROZDICA

ROSINENKRAPFEN

4 Port.

1 Std. 55 Min.

Leicht

Zutaten

Etwas Zucker
Butterschmalz zum Frittieren
2 EL Calvados (französischer Apfelbrandwein)
100 g Rosinen
50 g Butter
Etwas Salz
4 EL Apfeldicksaft
2 Eigelb
1 Ei
¼ l lauwarme Milch
1 Würfel Hefe
500 g Mehl

Nährwerte p. P.

120 kcal
17 g Kohlenhydrate
4 g Fett
3 g Eiweiß

1 Sieben Sie zunächst das Mehl in eine Schüssel und drücken Sie eine Mulde hinein. Bröseln Sie die Hefe in die Mulde und gießen Sie ein wenig Milch und etwas Wasser dazu. Streichen Sie das Mehl von außen nach innen in die Flüssigkeit, verrühren Sie die Menge zu einem Vorteig und lassen Sie ihn für 15 Minuten stehen.

2 Geben Sie dann Salz, Eigelb, Ei, Apfeldicksaft und die übrige Milch dazu und fügen Sie auch die Butter in Flocken hinzu. Verkneten Sie die Menge zu einem glatten Teig, decken Sie den Teig ab und lassen Sie ihn für 60 Minuten ruhen.

3 Waschen Sie die Rosinen unter fließendem Wasser ab und lassen Sie sie abtropfen. Bedecken Sie sie mit Calvados. Heizen Sie das Butterschmalz auf 170 °C vor. Verkneten Sie den Teig erneut und mischen Sie die Rosinen hinein. Stechen Sie jetzt kleine Bällchen aus dem Teig aus und backen Sie die Bällchen portionsweise im Fett aus. Lassen Sie die Bällchen abtropfen und wenden Sie sie im Zucker.

KREMSNITE

SAHNIGE CREMESCHNITTEN

6 Port.

40 Min.

Leicht

Zutaten

1 TL Wasser
1 Ei
1 Pck. Blätterteig

Für die Creme:
100 g Mehl
70 ml Milch
1 EL Vanillezucker
100 g Zucker
3 Eigelb

Für die 2. Creme:
1 Vanilleschote
400 ml Wasser
400 ml Milch

Zudem:
3 Eiweiß
Etwa 70 g Puderzucker
1 Prise Salz

Nährwerte p. P.

387 kcal
49 g Kohlenhydrate
4 g Fett
20 g Eiweiß

1 Stellen Sie eine Auflaufform bereit und schneiden Sie den Blätterteig in Stücke. Legen Sie die Auflaufform mit dem Blätterteig aus, geben Sie die übrigen Stücke auf ein Backblech mit Backpapier. Verquirlen Sie 1 Ei mit 1 TL Wasser und bestreichen Sie den Teig damit. Backen Sie den Teig in der Form sowie auf dem Blech nach Packungsbeilage gar.

2 Geben Sie die Zutaten für die 1. Creme in einen Mixer und pürieren Sie sie fein. Für die 2. Creme kratzen Sie das Mark der Vanilleschote heraus und geben Schote und Mark mit Wasser und Milch in einen Topf. Kochen Sie die Menge einmal auf, nehmen Sie den Topf vom Herd und entfernen Sie die Vanilleschote.

3 Rühren Sie die 1. Creme nun nach und nach in die 2. Creme hinein. Geben Sie den Topf zurück auf die Platte und kochen Sie die Menge bei niedriger Hitze für 15 Minuten ein. Rühren Sie dabei durchgehend.

4 Schlagen Sie nun das Eiweiß mit etwa 70 g Puderzucker und Salz steif. Heben Sie den Eischnee unter die Creme. Geben Sie die Masse auf den Blätterteig in der Auflaufform und bedecken Sie alles mit den einzelnen Blätterteig-Stücken. Stellen Sie die Menge vor dem Servieren kalt. Schneiden Sie sie dann in Schnitten.

LINO LADA

SCHOKO-CREME-ROLLE

4 Port. 30 Min. Leicht

Zutaten

Für die Creme:
100 ml Schlagsahne
250 g Mascarpone
200 g Lino Lada Milk

Für den Teig:
30 g Kakaopulver
1 Prise Zimt
1 TL Backpulver
100 g Mehl
40 ml Öl
40 ml Milch
1 TL Vanilleextrakt
70 g Zucker
4 Eier
Etwas Puderzucker und Kakaopulver zum Bestreuen

Nährwerte p. P.

431 kcal
46 g Kohlenhydrate
22 g Fett
10 g Eiweiß

1 Trennen Sie die Eier. Mixen Sie den Zucker mit den Eigelben cremig. Geben Sie die Milch, das Öl sowie das Vanilleextrakt dazu und mixen Sie die Menge erneut. Nun fügen Sie das Kakaopulver, den Zimt, das Backpulver sowie das Mehl hinzu und verrühren die Menge zu einer einheitlichen Masse.

2 Schlagen Sie die Eiweiße zu Schnee, heben Sie den Schnee unter die Mehlmenge und rühren Sie mit der Hand vorsichtig um.

3 Legen Sie eine Backform mit Backpapier aus und geben Sie den Teig hinein. Backen Sie den Teig für 10 Minuten bei 180 °C Umluft im vorgeheizten Backofen.

4 Geben Sie die Zutaten für die Creme zusammen und vermischen Sie sie gründlich. Stellen Sie die Creme bis zur Weiterverarbeitung in den Kühlschrank.

5 Bestreuen Sie den fertigen Teig mit etwas Kakaopulver und Puderzucker. Rollen Sie den Teig in das Backpapier ein und lassen Sie den Teig auf diese Weise abkühlen. Rollen Sie den Teig wieder aus und bestreichen Sie ihn mit der Creme. Rollen Sie den Teig wieder auf und bestreuen Sie ihn erneut mit Puderzucker.

PRESNAC

KROATISCHER EIERKUCHEN

4 Port.

30 Min.

Leicht

Zutaten

Ausreichend Öl
6 Eier
1 Prise Salz
500 ml Milch
10 gehäufte EL Mehl

Nährwerte p. P.

205 kcal
20 g Kohlenhydrate
11 g Fett
6 g Eiweiß

1 Heizen Sie zunächst den Backofen auf 250 °C Umluft vor. Stellen Sie eine Auflaufform bereit und gießen Sie das Öl hinein. Der Boden der Form sollte komplett bedeckt sein, das Öl ungefähr 1 cm hoch.

2 Erhitzen Sie nun das Öl und verrühren Sie Milch, Salz und Mehl miteinander, bis keine Klumpen mehr vorhanden sind. Mischen Sie dann 5 Eier in die Menge hinein und verrühren Sie sie.Geben Sie das übrige Ei dazu und ziehen Sie es hindurch, nicht verrühren.

3 Geben Sie den Teig in die Form mit dem heißen Öl und backen Sie ihn für 15 Minuten. Nehmen Sie den Kuchen heraus und schneiden Sie ein großes Kreuz hinein. Reduzieren Sie die Hitze auf 220 °C und backen Sie den Kuchen für weitere 10 Minuten. Servieren Sie den traditionellen Kuchen noch warm.

4 In Kroatien werden dazu verschiedene Aufstriche wie Marmelade oder Nutella serviert, aber auch Speck, Wurst, Fleisch, Käse und Tomaten.

PITA S JABUKOM

PITA MIT APFEL

14 Port.

1 Std.
15 Min.

Leicht

Zutaten

Etwas Puderzucker
2 EL Semmelbrösel
1 TL Zimtpulver
4 TL flüssiger Honig
1 kg saftige Äpfel
3 mittelgroße Eier
6 EL Schlagsahne
1 ½ TL Backpulver
1 Prise Salz
225 g Butter
525 g Weizenvollkornmehl
1 Zitrone

Nährwerte p. P.

160 kcal
19 g Kohlenhydrate
9 g Fett
3 g Eiweiß

1 Waschen Sie die Zitrone heiß ab und reiben Sie etwas Schale ab. Pressen Sie den Saft einer Zitronenhälfte aus. Geben Sie Eier, Sahne, Zitronenschale, Backpulver, Salz, Butter und Mehl in eine Schüssel und verkneten Sie die Menge mit einem Knethaken. Anschließend kneten Sie den Teig mit den Händen glatt, wickeln ihn in Frischhaltefolie ein und stellen ihn für 30 Minuten kalt.

2 Schälen Sie die Äpfel, entfernen Sie die Kerne und reiben Sie die Äpfel. Vermischen Sie die Äpfel mit Zitronensaft, Zimt und Honig. Halbieren Sie dann den Teig und rollen Sie die eine Hälfte auf einem Backblech mit Backpapier aus. Bestreuen Sie den Teig mit den Semmelbröseln und geben Sie die Apfelmischung darauf. Verteilen Sie sie gleichmäßig. Rollen Sie nun die zweite Teighälfte auf die gleiche Größe aus und legen Sie sie obenauf.

3 Backen Sie die Pita im vorgeheizten Backofen bei 175 °C Umluft für 40 Minuten. Nach dem Abkühlen bestreuen Sie die Pita mit dem Puderzucker und schneiden sie in Stücke. Nach kroatischer Tradition wird die Apfel-Pita mit Vanillesoße serviert.